JN155970

戦後映倫関係資料集

第5巻　映画倫理規程審査記録(4)

解説　中村 秀之

クレス出版

戦後映倫関係資料集 第2回 ■各巻収録一覧■

第4巻 映画倫理規程審査記録(3)

映画倫理規程審査記録
●日本映画連合会

第39号《昭和27年10月5日》
第40号《昭和27年11月5日》
第41号《昭和27年12月5日》
第42号《昭和28年1月5日》
第43号《昭和28年2月5日》
第44号《昭和28年3月5日》
第45号《昭和28年4月5日》
第46号《昭和28年5月5日》
第47号《昭和28年6月5日》
第48号《昭和28年7月5日》
第49号《昭和28年8月10日》
第50号《昭和28年9月10日》

第5巻 映画倫理規程審査記録(4)

映画倫理規程審査記録
●日本映画連合会

第51号《昭和28年10月5日》
第52号《昭和28年11月10日》
第53号《昭和28年12月10日》
第54号《昭和29年1月10日》
第55号《昭和29年2月□日》
第56号《昭和29年3月10日》
第57号《昭和29年4月10日》
第58号《昭和29年5月10日》
第59号《昭和29年6月10日》
第60号《昭和29年7月10日》
第61号《昭和29年8月10日》
第62号《昭和29年9月10日》

＊第55号奥付の日付のみ空欄

第6巻　映画倫理規程審査記録(5)

映画倫理規程審査記録

●日本映画連合会

※収録した資料は国立国会図書館の許諾を得て、復刻したものである。資料への書き込み、破損・文字の掠れ・誤字等は原本通りである。

映画倫理規程審査記録

第51号

※収録した資料は国立国会図書館の許諾を得て、デジタルデータから復刻したものである。
資料への書き込み、破損・文字の掠れ・誤字等は原本通りである。

51

映画倫理規程

審査記録

28.9.1～28.9.30.

28.10.28

映画倫理規程管理委員会

目次

管理部記事

○九月三十日の協力員会議に於て

最近の例に鑑み　幼児の場合と雖も全裸の描写は出来る限り避けることに意見の一致をみました。

a—1

審査脚本一覧

社名	題名	受付日	審査終了日	備考
大映	魔剣	八・三一	九・一	
大映	無法者	九・一	九・二	
東映	戦場慰安婦	八・二七	九・四	
〃	風雲八萬騎	八・二八	九・四	
新鋭プロ	壁あつき部屋	九・一	九・四	
松竹	とのさま街道	九・七	九・九	
東映	日輪	九・八	九・九	
東宝	愛人	九・一〇	九・一二	「華々しき一族より女ごころ」の改題
〃	次郎長三国志第六部	九・一〇	九・一二	
新東宝	大岡政談 びっくり太平記	九・八	九・一四	

新東宝	霧の第三桟橋	九・九	九・一四	「第三桟橋」の改題
〃	一等女房と三等亭主	九・一四	九・一六	
東京映画	北海の虎	九・一四	九・一六	
八木プロ 青年俳優クラブ	日の果て	九・一四	九・一七	
東映	（仮題）八十萬の合唱	九・一四	九・一七	
新東宝 俳優座	草を刈る娘	九・一六	九・一九	
東映	危し鞍馬天狗	九・二一	九・二四	
大映	紅椿	九・二二	九・二五	「乙女椿」の改題
新東宝	叛乱	九・二二	九・二八	
電通 D、Fプロ	メッカ殺人事件 ニュースストーリー	九・二二		
〃	改訂版	九・二八	九・二九	
松竹	君の名は 第二篇	九・二四	九・三〇	
東映	この太陽	九・二五	九・三〇	

東映	魅せられたる魂	九・一七		
〃	改訂版	九・二八	九・三〇	
大映	心臓破りの丘	九・二九	九・三〇	
東映	鬼伏せ街道	九・二八	九・三〇	

◎新作品……二五本

シナリオ数……二七本

内訳＝松竹 二 東宝 二 大映 四

新東宝 五 東映 九（内改訂版 一）

新鋭プロ 一 東京映画 一 八木プロ青年俳優クラブ 一

電通D.F.プロ 二（内改訂版 一）

脚本審査概要

魔剣	大映

企画 辻久一
原作 五味康祐
脚本 監督 安達伸生

豊臣末期の世相を背景に剣の道に生き　剣の道に死んだ一武人の半生を描く

希望事項なし

無法者	大映

企画 三浦信夫
原作 中山正男
脚本 八住利雄
監督 佐伯幸三

北海道の大森林を舞台に木材ボスと正義の営林署員の対決を描く

a—5

希望事項なし

戦場慰安婦
東映

企画　西原孝
〃　酒巻辰男
原作　富田邦彦
脚本　高岩肇
監督　伊賀山正徳

南方戦線の崩壊と運命を共にした慰安婦の一団の悲劇を描く

(1) 戦争犠牲者としての戦場慰安婦を描かんとする製作意図は諒承するが　真向から慰安婦の生態を描写してある脚本構成上　過って勢い　不必要に煽情　卑猥に堕する事のない様左の諸部分の再考改訂と併せて全般の演出に充分なる留意を希望した

(2)
(イ) シーン5　日乃出屋の乱痴気騒ぎの全部及びセリフ　兵「……じゃお先きに」　時江「……病気なんだよ　……それでなくたって日乃出屋艦隊は私以下四隻……」　兵「……三ケ月の余もたまってるんだぞ」　兵「……肝心の兵器じゃないか　粗末にしたり手入れを……」　兵「……早くしろい　後がつかえてるぞ」（風俗１）

(ロ) シーン11　セリフ　時江「……助平！」　兵「……初見世……」　兵「……俺ったって別

a—6

にへりやせん」（風俗１）

(ハ) シーン6　慰安婦個室の接客描写及びセリフ　時江「さっさとお次を呼んでよ」（風俗１・２）

(ニ) シーン9　リンコの部屋の接客描写及びセリフ　時江「……病気貰ったらどうするのよ」（風俗１　性４）

(ホ) シーン19　セリフ　時江「……もう検査なんかしなくたっていいんじゃないの」（性４）

(ヘ) シーン23　軍医の検診に関する件　及び女の尻を叩く演出（性４）

(ト) シーン31　セリフ　時江「……体が汚れますよ」他　月経に関する台詞（風俗１　性４）

(チ) シーン35　副官の小屋　大友のセリフ「面か　品物か……試したくせに……お古なんか」（風俗１）

(リ) シーン41　日乃出屋前　セリフ　兵「……腰が重くて叶わねえや」　時江「……たっぷり可愛がって……」（風俗１）

(ヌ) シーン43　富士子の部屋　セリフ　兵「おイ　まだか」　兵「頼むぜ　早いとエ」及び同場面の順番待ちの描写

(ル) シーン46　中二階の廊下　部屋から押し出されてくる一人の兵隊の描写（風俗１）

(オ) シーン40　シーン14の夫々　水野　大友がサエ　文子に挑む描写（風俗１・２）

(ワ) シーン15　セリフ　兵「おイ　もうすんだのか……大分気合入ったな」（風俗１）

a—7

(カ) シーン54 密林の中に於ける西村とサエの愛欲描写（性 1）
(3) シーン78 シーン107 散乱する死体の描写（残酷・醜汚 7）
シーン4 兵隊のへど（風俗 2）
(4) シーン117 巻末の音楽"海ゆかば"は好戦的な用法は勿論避けたいが 此の歌曲に対する我が国民感情も考慮し 使用に誤りなきを期したい（国家及社会 3）

風雲八萬騎	東映

企画 柳川武夫
原作 八木保太郎
脚本 棚田吾郎
監督 佐々木康

時世の変遷と政略の流れの中に生きる奇骨大久保彦左の覇気と寂寥を描く

シーン22 56 67 79 82などに上野寛永寺の天海僧正が女を所望することが表現されているが 天海は寛永寺の開山であり 大師号を謚られている高僧であるので 訂正を希望したところ 「天海」「寛永寺」をいずれも変名にすると云う返事があった 寛永寺は天台宗の名刹で現存し 信仰の中心であるのでこの措置は妥当と考えられる（宗教 2及び4）

a－8

壁あつき部屋

松竹

製作　小倉武志
原作　BC級戦犯記録
脚本　安部公房
監督　小林正樹

巣鴨拘置所に於けるB・C級戦犯の生活と心境を描く

(1) シーン29・103・173などの「アメ公」と云う語は軽視感があると思われるので訂正を希望した（国家及社会3）

(2) シーン71の「戦争を起した奴らが悪いんだよ　財閥と天皇とその手先だ」のうち　「天皇」は削除を希望した（国家及社会3）

(3) シーン71「朝鮮じゃ　どちらが先に攻め込んだか怪しいもんだってことだぜ」「赤の宣伝だろう」「おしつけないよ　兄さん　今に分るから」「……」「まあ人民軍が必ず勝つね」の対話のうち　最初と最後の台詞は国連軍誹謗と見られるので削除を希望した（国家及社会3）

(4) シーン100に「吉田」とあるは　現首相を指して　人権尊重の否定となるので訂正を希望したい（国家及社会1）

(5) シーン101「アメリカは日本に再軍備させる為に独立させてみたものの　対外的には夫

張り平和の使徒みたいな顔をしなけりゃいかんし……」は　アメリカ非難と見えるので訂正を希望した（国家及社会３）

(6) シーン143の「米国では何故あの様な屈辱的條件をおしつけてきたのか？」も右と同じ理由で訂正希望した（国家及社会３）

(7) 同じシーン143「そのアメリカの服を着た日本人」及び「アメリカに侵略されて……」とか「アメリカに占領されて……」も同様の意味で訂正を希望した（国家及社会３）

(8) シーン76　下士官が俘虜の頬をバンドで打つところ　及びシーン78で裸の俘虜を引き出すところ　残酷な描写をしないように希望した（残酷醜汚２）

(9) シーン127　日本人俘虜がフランス軍に処刑されるところ　演出上注意を希望した（国家社会３　及び残酷醜汚１）

(10) シーン131　フランス軍の取調べに　フランスの監査官が日本人俘虜を威嚇したり　殴打したりするが　フランス人憎悪の感じが出ないように　また残酷に表現されないよう希望した（国家社会３　及び　残酷醜汚２）

(11) シーン135の拷問室も右の意味で演出注意を希望した（国家及社会３　及び　残酷醜汚２）

(12) シーン136の法廷で　フランスの検事が山下を殴りつけるところも右と同じ理由で演出注意希望した（国家及社会３　及び　残酷醜汚２）

(13) シーン32のパンパンがＧＩと暗闇に消えてゆくところ演出注意希望した（国家及社会３

及び性２）

(14) シーン63　日本人と客引女とのたわむれは演出注意希望した（性12）

(15) その他　GIの扱い方について　またアメリカその他外国の批判は誹謗に見えぬように演出注意希望した（国家及社会３）

とのさま街道
松竹

製作　石田清吉
原作　野村胡堂
脚本　森田龍男
監督　倉橋良介

箱根街道に悪人を仆した美女を救う若林侍の活躍ものがたり

希望事項なし

※　※　※

日輪　東映

製作　大川博
企画　マキノ光雄
原作　横光利一
脚本　比佐芳武
監督　渡辺邦男

古代日本の地に対立する三つの国をめぐる愛欲と謀略の争斗を描く

希望事項なし

愛人　「華々しき一族」より「女ごころ」の改題　東宝

製作　藤本真澄
原作　森本薫
脚本　和田夏十
〃　井手俊郎
監督　市川崑

明るい愛情に満ちた一家の人々に恋愛問題が起す心理の波紋を描く

希望事項なし

次郎長三国志 第六部

東宝

製作　本木荘二郎
原作　村上元二
構成　小国英雄
脚本　松浦健郎
監督　マキノ雅弘

女房お蝶の死を中心に次郎長一家の放浪を描く第六部

希望事項なし

大岡政談
びっくり太平記

新東宝

製作　杉原貞雄
脚本　蓮池義雄
監督　斎藤寅次郎

江戸を荒す怪盗団の捕縛をめぐって人情長屋の住人たちが描き出す捕物喜劇

希望事項なし

ミ－5

霧の第三桟橋 （「第三桟橋」の改題）	新東宝

製作　竹中美弘
脚本　井手雅人
監督　内川清一郎

横浜港を舞台に暗躍する国際犯罪者の検挙を描く恋愛活劇

希望事項なし

一等女房と三等亭主	新東宝

製作　金田良平
原案　並木透
脚本　松浦健郎
監督　小森白

高名な女房のために影の薄い亭主の悲哀を描く風俗喜劇

シーン54　十吉の寝室の中
十吉「……そう云えば今夜は予定日ではなかったかなし

8−6

壁のカレンダーを見る――マークしてある は削除を希望した（性1）

北海の虎
東京映画

製作　加藤譲
原作　中山正男
脚本　新井一
監督　田中重雄

豪快直情の老捕鯨砲手をめぐる父子愛　夫婦愛の物語

希望事項なし

日の果て
八木プロ 青年俳優クラブ

製作　本田延三郎
〃　八木保太郎
原作　梅崎春生
脚本　斉藤良輔
〃　八木保太郎
監督　山本薩夫

6―7

敗色深い比島戦線の一角に起った人間と愛欲の葛藤を描く悲劇

女の水浴の裸体と兵士達　狂気のナエと坂田との別室からの声（シーン86）など　猥雑にならぬよう演出を注意のこと（これはすでに　一應審査済のシナリオに部分的改稿をほどこされたものと思われるが）以上の点を希望した（風俗　2）（二ケ所）

八千萬の合唱	東映

企画　三上訓利
原案　西條八十
原作　大林清
脚本　笠原良三
監督　佐々木康

2—8

家庭の幸福を顧みず仕事に熱中する一映画プロデューサーの姿を中心に多彩な芸能界の裏面を描く

希望事項なし

製作 高木次郎
〃 山崎喜暉
〃 佐藤正之
原作 石坂洋次郎
脚本 館岡謙之助
監督 中川信夫

草を刈る娘

新東宝
俳優座

のどかな山村の高原風景の中に描き出される微笑ましい恋愛の物語

(1) 池のほとりのシーン 村娘の水浴 裸体（風俗 2） 芝居小屋の看板のストリップの画 同舞台等演出注意のこと（風俗 2）

(2) 中村巡査の台詞 「命中つろわけかし」（みごもったことを意味して） 女にかまれた男のことで「手でよかった もっと大事なところでもかまれたら大変だし」（暗示する箇所がそれと分る心配があるので傍線部分のみ）等を除いて貰うこと（風俗 1）（二ヶ所）

(3) シーン56当りからモヨと時造との会話に「糞をたれる」「熊みたいな糞をたれる」或いは ライターと糞など 例え素朴な田舎者を表現する為とは云え かかるものを画面の中でとやかく話題のタネにすることは一般的にみて好ましくないと思われるので その土俗語か 或いは「ばばし」など 代用語をもってされたいことを望む

※ ※ ※

ニ―4

危し鞍馬天狗　東映

企画　高村将嗣
原作　大佛次郎
脚本　加藤泰
監督　荻原遼

幕末の江戸に政治的陰謀の一味と戦う鞍馬天狗の活躍を描く

脚本に関する限り　希望すべきほどの事項は何もないが　この中に出てくる外国名は歴史的事実にもせよ　演出の仕方によっては刺戟的な印象を与えないとも云えないので　念の為注意をのべた

紅椿（「乙女椿」の改題）　大映

企画　根岸省三
脚本　中江良夫
監督　吉村廉

レコード歌手としての夫の成功の為に愛情を捧げつくして散った妻の悲劇

希望事項なし

叛乱

新東宝

總指揮 竹井諒
製作 安達英三郎
原作 立野信之
脚本 菊島隆三
監督 佐分利信

所謂二・二六事件の経緯を描く

(1) 全体を通じて集団暴力の肯定と云う感じを避け あくまで暴力否定を強調するよう演出上の注意を希望した（国家及社会4）

(2) 実在の人物が多数登場するが 事実に殊更反しているような感じにならぬよう その点個人の名誉を尊重して演出して戴きたい（国家及社会1）

(3) 死刑の場面は悲壮美が過度に出ると この場合結果として暴力肯定と云うことにもなるから その点演出注意を希望 又過度に残酷にならぬよう この点も演出上十分に注意して戴きたい（国家及社会4 及び残酷1）

(4) 石田の公用外泊の件 石田とやす子の夫婦関係を露骨に云っている旗日云々 その他の台詞は風俗上の点で不可と思われるので改訂を希望（性1）

2—11

メッカ殺人事件
ニュース・ストーリー

電通
D・Fプロ

製作　林　篤孝
脚本
監督　谷津　博

所謂メッカ殺人事件の現在まで伝えられた推移を基礎として　これを劇的に構成したもの

(1) シーン56の殺人現場　及びシーン6　58に於ける死体の取扱いは刺戟的にわたらぬ様演出注意（法律　1の(イ)）

(2) シーン8の踊りは乳房露出に至らしめぬ様（風俗　2）　及びシーン66の特飲街描写（教育2）　シーン68の自動車内の男女の姿態は限度を越えて猥褻にわたらぬ様（風俗　1）何れも演出注意

(3) シーン51に於ける警官の扱いは余りに喜劇的にしない（法律　1）

(4) 以上の希望に加えて本篇は事実に取材している作品である関係上　各方面への連絡諒解を製作者の責任に於いて確保さるる事のありたい旨　及び登場人物名も場合によっては仮名使用の採用について研究されたき旨　希望した

8－12

君の名は 第二篇

松竹

製作 山口松三郎
原作 菊田一夫
脚本 柳井隆雄
監督 大庭秀雄

一たび知った故に相慕いつゝも結ばれぬ恋の漂泊を戦后の社会相を背景に描く

希望事項なし

この太陽

東映

企画 星野和平
〃 加藤遵
原作 牧逸馬
脚本 小川正
監督 小杉勇

二組の男女の綾なす恋愛メロドラマ

8—13

(1) シナ料理を区別して、上チヤン 中チヤン 下チヤンし云々の台詞は中国感情を顧慮し
改訂希望（国家及社会 3）

(2) シーン58の元雄が暁子に挑む場面 及び妖婦菊子の愛欲描写については総て限度を超え
ざるよう演出上注意を希望（風俗 1・2）

(3) シーン154の喬太郎が相手を殴る件は 出来うれば相手の暴力を受けて立つ形にしたい
（国家及社会 4）

魅せられたる魂	東映

製作 大川博
企画 マキノ光雄
〃 岡田寿之
原作 ロマン・ロラン
脚本 田中澄江
監督 春原政久

狂瀾の時代を貫き流れる純粋の愛の姿を描く

（第一稿のディスカッツシヨンの中途で自主改訂版が提出された 第一稿のディスカッツシヨ

ん—14

ンは中止し　自主改訂版によりディスカッションを行った）
シーン101　ナイトクラブ内の裸体の少女の表現について　従前通りの映倫的観点から演出されるよう希望した（風俗２）

心臓破りの丘	大映

企画　岡田　熱
脚本　須崎勝弥
監督　木村恵吾

日本マラソン選手の世界記録樹立をめぐる苦斗と彼をとりまく人々の愛情と激励を描く

希望事項なし

大一15

企画　玉木潤一郎
脚本　比佐芳武
監督　松田定次

鬼伏せ街道
東映

鼠小僧次郎吉が犯した罪の為に悲境に落ちた女を救い縛に就くまでの人情活劇

(1) シーン31　寒川邸のシーン　寒川老人の切腹と小夜の身売りの件は　自己犠牲の感じが強く　何らかのこれに対する批判が必要ではないかと思う　どこかでその批判を希望する（国家及社会２）

(2) 次郎吉の逮捕されるという予感をより強く表現されたい（法律１）

2―16

審査集計

	規程條項	関係脚本題名及希望個所数		集計
1	国家及社会	「戦場慰安婦」	1	19
		「壁あつき部屋」	12	
		「叛乱」	3	
		「この太陽」	2	
		「鬼伏せ街道」	1	
2	法律	「メッカ殺人事件」	3	4
		「鬼伏せ街道」	1	
3	宗教	「風雲八萬騎」	2	2
4	教育	「メッカ殺人事件」	1	1
		「戦場慰安婦」	12	

C－1

番号	項目	作品	件数	計
5	風俗	「日の果て」	2	23
		「草を刈る娘」	4	
		「メッカ殺人事件」	2	
		「この太陽」	2	
		「魅せられたる魂」	1	
6	性	「戦場慰安婦」	5	9
		「壁あつき部屋」	2	
		「一等女房と三等亭主」	1	
		「叛乱」	1	
7	残酷醜汚	「戦場慰安婦」	1	7
		「壁あつき部屋」	5	
		「叛乱」	1	

○希望事項総数…………六五

c―2

審査映画一覧

○劇映画

審査番号	題名	会社名	巻数	呎数	製作	企画	原作	脚本	監督	主演
一〇九八	君の名は	松竹	一三	一〇、四三三	山口松三郎		菊田一夫	柳井隆雄	大庭秀雄	岸恵子 佐田啓二
一一〇一	若君逆襲す	〃	一〇	八、三二七	杉山茂樹		村上元三	若尾徳平 村松道平	酒井辰雄	北上弥太郎 高千穂ひづる
一一一一	鞍馬天狗 青面夜叉	〃	一〇	八、六一七	小倉浩一郎		大佛次郎	鈴木兵吾	野村芳太郎	島田正吾 嵯峨美智子
一一二二	東京マダムと大阪夫人	〃	一〇	八、六六三	山口松三郎		藤沢桓夫	富田義朗	川島雄三	月丘夢路 川原直知子
一一三五	沖縄健児隊	〃	一二	九、七〇九			太田昌秀 外間守善	沢村勉	岩間鶴夫	石浜朗 紙京子
一〇八二	サラリーマンの歌	東宝	一〇	八、二六七	藤本真澄			猪俣勝人 長谷川公之	杉江敏男	佐野周二 角梨枝子

一一〇四	赤線基地	東宝	九	八、〇九六	田中友幸			谷口千吉 木村武	谷口千吉	三国連太郎 根岸明美
一一〇八	怪猫佐賀屋敷	大映	一〇	八、六五〇		菅沼完二		木下藤吉	荒井良平	坂東好太郎 入江たか子
一一一三	続々十代の性典	〃	一〇	七、九四九		土井逸雄		須崎勝彌	小石栄一	根上淳 南田洋子
一一三二	浅草物語	〃	一〇	八、九二一		米田治	川端康成	成沢昌茂	島耕二	森雅之 山本富士子
一一三七	若さま侍捕物帖 江戸姿一番手柄	新東宝	一〇	七、九二九	伊藤基彦		城昌幸	京中太郎 西尾正記	青柳信雄	坂東鶴之助 嵯峨美智子
一〇四七	広場の孤独	新東宝 俳優座	一二	一〇、〇九三	星野和平		堀田善衛	猪俣勝人	佐分利信	佐分利信 津島恵子
一一四一	青春ジャズ娘	新東宝	一一	九、三一〇	金田良平 杉原貞雄			比田一郎 蓮池義雄	松林宗恵	片山明彦 新倉美子
一〇九五	わが恋はリラの木蔭に	〃	一一	八、六八〇	伊藤基彦		中山正男	井上梅次	井上梅次	中山昭二 宮城野由美子
一〇九一	薔薇と拳銃	東映 新生プロ	一〇	八、八〇九	[illegible]康吉			岸東助	志村敏夫	鶴田浩二 島崎雪子

c－4

一一三三	ひめゆりの塔姉妹篇 健児の塔	東映	一〇	九、〇七八		柴田清一郎		佐伯清	小杉勇	石井一雄 田代百合子
一一一五	青空大名	〃	九	七、八八二		玉木润一郎		伊勢野重任	荻原遼	片岡千恵蔵 千原しのぶ
一一〇五	続々魚河岸の石松	〃	八	七、四六四		三上訓利	宮本幹也	笠原良三	小林恒夫	河津清三郎 星美智子
一〇四九	浮気天国	新理研	九	八、三七六		中崎敏 小山誠治	源氏鶏太	松浦健郎 山本嘉次郎	滝沢英輔	
一一二九	夕立勘五郎	東京映画	八	七、二二三	加藤譲			松浦健郎 土井周太	滝沢英輔	小堀明男 花柳小菊
一一三〇	喧嘩駕籠	宝塚映画	八	六、九七六				高木恒穂	冬島泰三	大谷友右エ門 八千草薫

○予告篇

一〇九八-T-二	松竹製作ニュース 第一二七号	松竹			君の名は
一一一一-T	〃 第一二八号	〃			鞍馬天狗 青面夜叉

一一三五―T―一	松竹製作ニュース 特報	松竹		沖縄健児隊
一一三五―T―二	〃 第一二九号	〃		〃
一一三四―T	〃 特報	〃		花の生涯
九八八―T―一	七人の侍	東宝		特報
一一一九―T	太平洋の鷲	〃		
一一〇四―T	赤線基地	〃		
一一四五―T	誘蛾燈	〃		
一一一三―T	大映ニュース 第二七八号	大映		続々十代の性典
一一一六―T	〃 第二八一号	〃		地獄門
一一三二―T	〃 第二八二号	〃		浅草物語
一一一八―T	〃 第二八三号	〃		砂絵呪縛
一〇四七―T	広場の孤独	新東宝 俳優座		
一〇四七―T―二	仝	〃		

C―6

一〇九五－T－一	わが恋はリラの木蔭に	新東宝			
一〇九五－T－二	仝	〃			
一一四一－T	青春ジャズ娘	〃			
一一四二－T	すっ飛び千両旅	〃			
一一三三－T	ひめゆりの塔姉妹篇 健児の塔	東映			
一一一五－T	青空大名	〃			
一一〇五－T	続々魚河岸の石松	〃			(附)早稲田大学
一〇九一－T	薔薇と拳銃	東映 新生プロ			

○併映短篇

E－六四五	市政だより No.1	北日本映画	一		北海道企画
E－六五二	〃 No.2	〃	一		〃
E－六五五	〃 No.5	〃	一		〃

E―七二五	神奈川ニュース NO 62	神奈川ニュース映画協会	一		
E―七三〇	〃 NO 63	〃	一		
E―七二二	生れ出る三輪トラック	日映新社	三		東洋工業（株）企画
E―七四七	お伊勢参り	〃			
E―七四四	上椎葉水力発電所記録工事 ―本工事篇―	新理研	一	一、〇四五	
E―七五五	中国の電力	〃	三	二、三〇〇	
E―七三〇	お伊勢さん 式年御遷宮	六映社	一	四〇〇	近畿日本鉄道 企画
E―七三一	浮船渠	〃			川崎重工業（株）企画
E―七三二	とんちんかんマラソン	協同芸術プロ			
E―七三六	〃メリッド5〃 深夜の弾痕	ユナイテッドテレビ映画社			
E―七四〇	花形歌手 歌の明星	大映	三	二、六二二	
E―七四六	父ちゃんのハンドル	日本教育			
E―七四八	妖精の湖	電通	一	三〇〇	明治製菓の宣伝

E-七五〇	マナルス —日本登山隊記録—	毎日映画研究室			
E-七五一	ルポルタージュNo.1 酌まんかな	松平プロ			札幌酒精工業(株)企画
E-七五二	ウァイオリン	東亜発声	二		
E-七五六	昭和二十八年秋場所大相撲前半戦	大日本相撲協会映画部			
E-七四五	ありとはと	日動映画	二	一、九三二	

○スポーツ・ニュース

P-二七六	ムービータイムズ 第二七六号	プレミア			
P-二七七	〃 第二七七号	〃			
P-二七八	〃 第二七八号	〃			
P-二七九	〃 第二七九号	〃			

C—9

○新版

S—一七〇	エンタツ・アチャコ 忍術道中記	東宝	七	五、一五八	昭和十四年一月製作
S—一七一	とんちんかん 長屋騒動	東宝	五	四、一四八	昭和十七年 製作

○完成映画数……二一本

内訳＝松竹 五 東宝 二 大映 三

新東宝 四 東映 四 その他 三

○それらの予告篇……二三本

C—10

内訳＝松竹　五　東宝　四　大映　四
新東宝　六　東映　四

○併映短篇映画篇……二一本

○スポーツニュース……四本

○新版……二本

○映画カット希望件数　十二件

C―11

映画審査概要

○　赤線基地　　東宝

子供の全裸のところ　風俗上の点で好ましからず削除を希望し実行された（六呎）

○　続々十代の性典　　大映

七巻目　暴力的抱擁の場面に関し　風俗上やや過度と感じられるので適当に改訂を希望し実行された（九呎）

○　浅草物語　　大映

第二巻　ビル屋上にて「千代子の裾の乱れ」の場面削除希望し実行された　（風俗２）（六呎）

C—12

○ 大映ニュース第二八二号（浅草物語）　大映

男女関係直后と覚しき　女が裾の乱れをつくろう場面　削除希望し実行された　（風俗２）
（六呎）

○ 青春ジャズ娘　新東宝

三巻目　国会乱斗の実写シーンを短縮希望し実行された（六呎）
（その長さに相応するカット　競馬シーンを代りに入れる旨申出あり）

○ 薔薇と拳銃　東映 新生プロ

十巻目　不死人が最后にギャングをピストルで五発射つカットがある　そのうち二カット
だけ削除希望し　実行された（五呎）
過度な残酷感を出さない為である

○ ひめゆりの塔姉妹篇 健児の塔　東映

七巻目　海浜で銃殺されるシーン
九巻目　民間人が殺されるシーン
（計六）

右の如く削除を希望し実行された
脚本審査の際　希望した如く　国民感情（二つの場合は対米感情であるが）を考慮しての処置である

○ 沖縄健児隊　松竹

国民感情の点で　連合軍兵士の「ジヤツプ」と云う台詞削除を希望し実行された

○ 続々 奥河岸の石松　東映

全体的に下卑た印象が残るが　これが限度すれ〳〵と思われる　今后また続篇が作られる

だろうが　この点を十分注意して企画製作されるよう注意を望んだ

○　蒼々　奥河岸の石松（予告篇）　東　映

寝室シーンを削除希望し実行された（三五呎）
（本篇では別の意味で出るので　これはその時にゆずる）

○　喧嘩鴛鴦　宝塚映画

一巻目　僧侶が勤行中に金銭を拾いくすねる場面は　宗教上の見地より削除を希望し実行された（宗教２）（六・九呎）

○　"メリッド５"　深夜の弾痕　ユナイテッドテレビ映画

ストリップの場面「乳房覆いしが綱布である点　今后につき注意を求めた

宣伝広告審査概要

○ 沖縄健児隊　　松竹

本映画の宣伝文案中「波荒き沖縄に一大ロケーションを敢行した全国民に訴える悲壮のドラマ!」の一句は事実と相違し虚偽の宣伝にわたるので使用中止を希望した

○ 赤線基地　　東宝

男女がベッドの上で争う場面のスチール（番号52）は姿態が風俗上挑発的すぎるので使用中止を希望した

○ 娘を売る街 赤線区域　　新東宝

本映画の宣伝文案中
「毒々しい化粧をした売り物の貞操」中の「売物の貞操」及び「全裸のドキュメンタリイ」中の「全裸」の両字句は風俗上挑発的すぎるので使用中止を希望した

各社封切一覧

封切月日	審査番号	題名	製作会社	備考
○松竹				
九月一日	一一〇七	乙女のめざめ	松竹	
	一一二五	次郎長一家罷り通る	〃	
九月八日	一〇二九	天馬往来	〃	
九月十五日	一〇九八	君の名は	〃	
九月二十二日	一一一一	鞍馬天狗 青面夜叉	〃	
九月三十日	一一三五	沖縄健児隊	〃	
○東宝				
九月一日	一〇八八	幸福さん	東宝	
九月八日	一〇八二	サラリーマンの歌	〃	

C—17

九月十五日	九八一	花の中の娘達	東宝
九月二十三日	一一二九	夕立勘五郎	東・八映画
○大映			
九月一日	一〇四五	続丹下左膳	大映
九月八日	一一〇八	怪談佐賀屋敷	〃
	S—一四六	恩讐を越えて	〃
九月十五日	一〇六八	雁	〃
九月二十三日	一一一三	続々十代の性典	〃
九月三十日	一一三二	浅草物語	〃
○新東宝			
九月一日	一〇九〇	南十字星は偽らず	新東宝
	S—一〇八	江戸最後の日	日活
九月七日	一一三七	江戸姿一番手柄	新東宝

C—18

九月七日	E－六〇二	赤線区域	協立映画社	
九月十五日	一〇四七	広場の孤独	新東宝 俳優座	
九月二十二日	一一四一	青春ジャズ娘	新東宝	
九月三十日	一〇九五	わが恋はリラの木蔭に	〃	
○東映				
八月三十一日	一一二八	〃浪人横丁〃より 神変あばれ笠（後篇）	東映	
九月八日	一一三三	ひめゆりの塔姉妹篇 健児の塔	〃	
九月十五日	一一一五	青空大名	〃	
九月二十二日	一〇九一	薔薇と拳銃	東映 新生プロ	
九月三十日	一一〇五	続々魚河岸の石松	東映	
九月二十日	一〇二六	蟹工船	現代プロ	
九月三十日	一〇五〇	ひろしま	日本教職員組合	

○補遺

封切月日	審査番号	題名	製作	配給	備考
六月二十四日	一〇二八	母の誕生日	松竹	松竹	関西封切
六月二十八日	E－六八〇	アナタハン	大和プロ	東和	
八月二日	一〇八六	ぶらりひょうたん シミ抜き人生	松竹	松竹	
八月十八日	一〇七一	君に捧げし命なりせば	新映プロ	北星	

映画倫理規程審査記録第五一号

昭和二十八年十月五日発行

発行責任者　池田義信

東京都中央区築地三ノ六

映画倫理規程管理部事務局

電話築地(55)〇六九六・二八〇二番

映画倫理規程審査記録

第52号

※収録した資料は国立国会図書館の許諾を得て、デジタルデータから復刻したものである。
資料への書き込み、破損・文字の掠れ・誤字等は原本通りである。

52

映画倫理規程

審査記録

28.10.1 ～ 28.10.31

映画倫理規程管理委員会

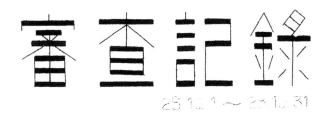

目次

管理部記事

○十月九日の管理委員会において左の通り決定致しました。

一、日本映画の国際的影響を考慮し　重ねて左の各項を確認　審査の慎重を期することになりました。

1 各国の元首　国旗　国歌の尊厳を傷つけるようなことは避けなければならない。

2 各国の軍人　代表者　官公吏等の登場に対しては　予め製作者側に於てその国の代表機関等に緊密に連絡をとられることを希望する

3 日本国及び日本人について恥辱と考えられるようなものは避けたい。

○映画「基地の子たち」について

映画「基地の子たち」に対する審査態度と致しましては　十月廿三日の管理委員会において検討が行われました結果　既に決定されている審査準則を基準とし　更に左の四点を考慮して審査されたい旨　専門審査員に対して要望されました。

一、基地問題はこれを政治的に描くかの如き印象は避けたい

二、米軍基地及び米国軍人の描出については製作者側に於てとられた米軍当局の撮影許可手続の完了を確認すること

三、不当に内外の国民感情を刺戟することは避けたい

四 風俗上の問題については当然「倫理規程」の條項に準據すること

a—2

審査脚本一覧

社名	題名	受付日	審査終了日	備考
新東宝	大岡政談 びっくり太平記 自主改訂版	九、三〇	一〇、五	
松竹	家族あわせ	一〇、一	一〇、七	
松竹	荒川の佐吉 遊侠夫婦笠	一〇、五	一〇、七	「佐吉子守唄」の改題
東映	怪傑黒頭巾	一〇、五	一〇、七	
松竹	あっぱれ一心太助	八、一九	一〇、九	
東宝	お祭り半次郎	一〇、七	一〇、九	
宝塚映画	挑戦鬼より 鉄腕涙あり	一〇、九	一〇、一〇	
輝プロ	青い青春	一〇、九	一〇、一二	
東京映画	もしも忍術使えたら	一〇、一〇	一〇、一二	
大映	にっぽん製	一〇、一二	一〇、一四	

a—3

映画創作協団	女の谷	八・四	一〇・一四	
松竹	朝霧	一〇・一三	一〇・一五	
新東宝	恋文	一〇・一三	一〇・一七	
東映	憧れの星座	一〇・五	一〇・一七	「八千万の合唱」の改題
東映	母系図	一〇・一五	一〇・一七	
東映	愛染道中	一〇・一五	一〇・一七	
現代ぷろ	燃える上海	九・一八	一〇・二〇	
東宝	ラバウル航空隊 ―最後の戦斗機―	一〇・一六	一〇・二〇	
宝塚映画	入江の町より 今宵ひと夜を	一〇・一六	一〇・二〇	
松竹	勢揃い 大江戸六人衆	一〇・一七	一〇・二一	「勢揃い大江戸六花撰」の改題
大映	銭形平次捕物控 金色の狼	一〇・二〇	一〇・二一	
新東宝	若さま侍捕物帖 恐怖の折鶴	一〇・一九	一〇・二一	
松竹	蛍から社員	一〇・二〇	一〇・二一	

南旺映画	サラリーマンはお人好し	一〇・七	一〇・二二	
東宝	女心はひと筋に	一〇・二一	一〇・二三	
東宝	次郎長三国志第七部 初祝い清水港	一〇・二二	一〇・二三	
大映	怪猫有馬御殿	一〇・二三	一〇・二七	
東映	放浪記	一〇・二三	一〇・二七	
松竹	家族会議	一〇・二一	一〇・二八	
松竹	青春三羽烏	一〇・二六	一〇・二八	
東宝	山の音	一〇・二六	一〇・二八	
松竹	お嬢さん社長	一〇・二三	一〇・二八	
東芸映画プロ	今様お蝶夫人	一〇・二八	一〇・二九	
大映	十代の誘惑	一〇・二八	一〇・三一	

ス—5

◎新作品 ……………… 三三本

シナリオ数 ……………… 三四本（内改訂版一）

内訳＝松竹 九 東宝 五 大映 四

新東宝 三（内改訂版一） 東映 五

蝉プロ 一 宝塚映画 二 東京映画 一

映画創作協団 一 現代ぷろ 一 南旺映画 一

東芸映画プロ 一

a—6

脚本審査概要

大岡政談
びっくり大平記
（自主改訂本）

新東宝

シーン26 「ここは質屋と云って金貸しもやるひどいうちやしとあるが 質屋と云う職業を聊さか誹謗するものとする誤解を生むオソレあり 依って改訂を希望したい （国家及社会1）

a—7

家族あわせ

松竹

製作 小倉武志
原作 北條誠
脚本 長瀬喜伴
監督 瑞穂春海

サラリーマンの日常生活を織なす恋愛と人情の家庭メロドラマ

希望事項なし

荒川の佐吉 遊侠夫婦笠 「佐吉子守唄」の改題	松竹

製作　小倉浩一郎
原作　真山青果
脚本　鈴木兵吾
　　　永江勇
監督　堀内真直

三下奴荒川の佐吉が人情と意地を貫く売出しの物語

シーン4・83の仁義をきるところは詳細に描写しないよう希望した。（国家及社会2）

侠傑黒頭巾	東映

企画　柳川武夫
原作　高垣眸
脚本　小川正
監督　河野寿一

江戸城眺望図面の争奪をめぐって健気な姉弟を助ける怪人の活躍物語

原作が少年を相手とした物語であるから　その影響を考え　ここに登場する女すりお富がとりての財布をすって長屋の人々に分け与えるのはゆき過ぎであり　その行為の正当化の印象（理想の為には　すりなどの悪の行為も認められるかに思わせては困るので）を与えないよう批判的にあって欲しい。（法律1）

あっぱれ一心太助	松竹

製作　小倉浩一郎
脚本　若尾徳平
〃　沢橋太郎
監督　大曽根辰夫

家光と彦左と太助を中心に長屋の人情を描く明朗ものがたり

希望事項　なし

お祭り半次郎	東宝

製作　清川峰輔
脚本・監督　稲垣浩

港町の秋祭りを舞台に見世物の芸人たちがかもし出す人情と正邪の葛藤を描く

希望事項なし

挑戦鬼より
鉄腕涙あり

宝塚映画

原作　朝倉文治郎
脚本　西亀元貞
監督　滝沢英輔

愛する女を暴力に奪われた青年が復讐の妄執に燃える空手修業の果て　始めて心の光明をつかむ活劇物

(1) シーン50　温泉マーク入りの宿屋の一室に於ける安田と勝子の交渉（汚れたせんべい蒲団に臥そべっているとあり）（風俗２）
(2) 及びその前のシーンの夜の女達と通行人の交渉　（風俗１）はそれぞれ挑発的すぎる感じを避けるなど　風俗上の点を十分注意して演出して戴きたいと希望した。

青い青春
焊プロ

製作　福池台朗
〃　鈴木正吉
脚本
監督　下間登良男

社会の現実の刺戟に悩む思春期の男女高校生の生活を描く

(1) シーン3　砂浜で美子の足が一しきりあばれてからぐったりなる処削除希望（風俗2）
(2) シーン7　教室の黒板に温泉マークの落書きは教室の神聖の意味から他の場所に変更を希望（教育2）
(3) シーン19　料理屋で制服の学生の飲酒は止めて戴く（教育2）
(4) シーン36　「理性に負けちや駄目よ」「理性に負けたんだわ」は何れも不可解だし穏当でない　理性を尊重する意味の台詞に訂正を希望（教育2）
(5) シーン62　物置の中の場面　スカートがめくれて白い股が見えるところ演出注意（風俗2）
(6) シーン68・69・70のストリップの描写演出注意（風俗2）

6—1

もしも忍術使えたら

東京映画

原作　加藤　謙
脚本　若尾徳平
〃　野村浩将
監督　野村浩将

猿飛佐助と三好清海入道が天国から現代の東京へ現われてまき起す珍騒動の物語

（1）シーン3にある「憲法なんか解釈の仕様でどうにでもなるでは御座居ませんか　この際女性愛の為には目をおつぶり遊ばせ」の台詞は喜劇の台詞であるにしても　聊か憲法軽視の感が強いと思う　適当に改訂して戴きたい　（国家及社会　1）

（2）シーン18にある「左様天国と云えば拙者も時々パンパン天国に参るが　とかく天国などにおると時間の立つのが早いもので御座るのう　ハハハハ」は風俗上の点で好ましからずこれも改訂して戴きたい　（風俗　1）

（3）シーン39のフロアショウ　シーン74の半裸になる踊子とあるところ　女性の肉体露出については十分に注意して演出して戴きたい　（風俗　2）

α－2

にっぽん製

大映

企画　上井逸雄
原作　三島由紀夫
脚本　菊島隆三
監督　島耕二

パリ帰りの美しいデザイナアと素朴な柔道選手をめぐるロマンス

希望事項なし

女の谷

映画創作協団

脚本監督　陶山鉄
協力　小杉勇

厳しいおきての下にある平家部落の女の恋愛悲劇

a−3

(1)シーン8　山の遭難者を女が人肌で温める件は誤って煽情的に走らないように演出注意（風俗　2）
(2)シーン10　遊泳場面は夫々全裸の効果を現わす事は避けたい（風俗　2）
(3)以上に加えて本篇は所謂「平家部落」に取材しているので「平家部落」の取扱いに当っては該居住民の感情を充分考慮したい（国家及社会　1）

朝霧	松竹

製作　長島豊次郎
原作　富田常雄
脚本　中山隆三
監督　佐々木啓祐

B―4

真実の愛を求めて苦悩する二人の女性をめぐるメロドラマ

(1)昭和パルプ会社　或いは東京商事と云う社名が出るが　実在名にまぎらわしいので変更を望んだ　これは会社がよく描かれてないから　その点を懸念してのことである（国家及社会　1）

(1) 中共から帰って来た男（九年目に）が 手紙を出すことが許可されなかったとあるのは国際赤十字その他の実状と異るので 外国感情を尊重し 手紙が出したくても出せない所に居たとでも云う様に直して貰うことにした（国家及社会３）

恋文

新東宝

製作 永島一朗
原作 丹羽文雄
脚本 木下恵介
監督 田中絹代

戦后生活の混乱の中に生きる男女の愛情の悲劇を描く

(1) 篇中 シーン54 82 98等に現われる「アメリカ人……」云々の台詞は特定国を表示しないことにしたい（国家及社会３）

(2) 尚 本篇は外人相手の売笑婦に取材するものであるから演出に於ても徒らに外国感情を刺戟したり 又は誤って売春肯定の効果をもたらすことのない様 充分なる考慮と希望

ゑ—5

したい

憧れの星座（「八千萬の合唱」の改題）	東映

企画　三上訓利
原案　西條八十
原作　大林清
脚本　笠原良三
〃　高岩肇
監督　佐々木康

歌手の天分を抱いて苦斗する芸妓と幼くして別れたその父の作曲家をめぐる音楽メロドラマ

希望事項なし

母系図	東映

企画　金平軍之助
原作　川口松太郎
脚本　舘岡謙之助
監督　伊賀山正徳

幼くして手離したわが子の幸福を祈って病に仆れる母の悲劇

シーン104の久保の台詞「今回の不祥事件は要するに今や全国到る所に行われているものでありまして氷山の一角に過ぎません」と　地方のボスや役人が中央官庁の役人と結託して私腹を肥すことが　全国到る所に行われていると云うのは役人に対する過度の批判と思われる　この点改訂希望（國家及社会1）

愛染道中
東映

企画　西原孝
原作　並木行夫
脚本　鈴木兵吾
監督　佐伯清

故郷の土を踏んだやくざ者が昔の愛人の幸せを願って悪人を斬り縛に就く物語

全体的にやくざ讃美にならぬよう演出上の注意を望みたい　その点でシーン39末尾の「一宿一飯　渡世の義理を果すため」（十太郎の台詞）と　シーン52の捕方金助の「男の中の男

一匹」との台詞は止めて欲しい（風俗２）（二ヶ所）

燃える上海

現代ぷろ

製作　山田典吾
原作　村松梢風
脚本　吉村公三郎
監督　今泉善珠

第一次上海事変に於ける川島芳子の暗躍を描く

(1) シーン120　台詞「犯人は不逞鮮人……」の「不逞鮮人」は国際感情面よりして穏当でない適当に改訂を希望したい（国家及社会３）

(2) シーン20　台詞「……奴等は日本人と見れば……」にて　一概に中国人をテロ扱いにしている誤解を招きかねない　中国人中　一部の分子であることを明瞭ならしめたい（国家及社会３）

尚シーン80及び86の死体描写は何れも残酷を極めるものとならない様　演出上注意したい（残酷醜汚７）

ラバウル航空隊
—最后の戦斗機—

東宝

製作　田中友幸
脚本　西島大
〃　木村武
監督　本多猪四郎

敗色におゝわれるラバウル基地を舞台に鬼と呼ばれた戦斗機隊長の人間的苦悩を描く

(1) この脚本から見る限り　宣伝（トレラーを含む）は可成り心配な面でうられる恐れなしとしないので　作品の意図や内容をまげないで正しくやって戴きたく　特に注意を望みたい　惹句その他は前もって相談して貰えると一層幸である

(2) この脚本のラストは　字面からでは　色々に解釈出来るような（観客に好ましくない印象を与えかねないものもその中にある）点があるので　当方の希望する方向にこのラストをして戴く為　尚演出者と談合することを約した

(3) 部分的にはシーン117の煙草を「やってくれ」と云う台詞は「俘虜軽視の誤解をまねくといけないので「渡してくれ」に直して貰う（国家及社会3）

(4) シーン136その他　イエロースネークと呼ばれるアメリカ兵との空中戦などの描写は　刺戟的でないように演出注意のこと（国家及社会3）

え—9

入江の町より
今宵ひと夜を

宝塚映画

原作　広津和郎
脚本　井手俊郎
監督　千葉泰樹

入江の町の料亭に働く女たちの生活を描くロマンス

希望事項なし

勢揃い
大江戸六人衆
（「勢揃い大江戸六花撰」の改題）

松竹

製作　杉山茂樹
原案　木村学司
脚本　八住利雄
監督　斉藤寅次郎

天保六花撰の人物たちが描く人情喜劇

シーン10　おもん（女）が、くるりと尻をまくって坐るのは困るので演出注意を希望した
（風俗　２）

銭形平次捕物控 金色の狼	大映

企画　辻　久一

原作　野村胡堂

脚本　八木隆一郎

監督　森　一生

巨萬の秘宝をめぐる殺人事件の謎を解く銭形平次の活躍物語

希望事項なし

若さま侍捕物帖 恐怖の折鶴	新東宝

製作　伊藤基彦

〃　松本常保

原作　城　昌幸

脚本　京中太郎

〃　村山俊郎

監督　並木鏡太郎

主家乗取りをたくらむ悪番頭の策謀を暴く若さま侍の活躍物語

希望事項なし

6―11

蛮《ばん》から社員
松竹

朴訥純情な青年社員をめぐるラブ・ロマンス

製作　山本武
原作　林二九太
脚本　椎名利夫
監督

希望事項なし

サラリーマンはお人好し
南旺映画

サラリーマンの家庭生活と恋愛を描くメロドラマ

企画　金子正旦
原作　源氏鶏太
脚本　長谷川公之
〃　並木透
監督　斉藤達雄

風呂場のガラスに写る女の裸体の影について　演出上注意されたい（風俗２）

女心はひと筋に	東宝

製作　佐藤一郎
脚本　八田尚之
監督　杉江敏男

老舗のすし屋の若旦那と忠実な職人を中心に下町情緒を描く恋愛喜劇

ストリップの場面　演出上の注意を希望（風俗え）

次郎長三国志第七部 初祝い清水港	東宝

製作　本木荘二郎
原作　村上元三
構成　小国英雄
脚本　松浦健郎
監督　マキノ雅弘

保下田の久六を相手とする小政の活躍と次郎長の再婚をめぐって展開する第七部

希望事項　なし

5—13

怪猫有馬御殿	大映

企画　高桑義生
脚本　木下藤吉
監督　荒井良平

非業に死んだ側室の飼猫が主人の仇に祟って有馬家の奥御殿を騒がせる怪猫談

希望事項なし

放浪記	東映

企画　三上訓利
原作　林芙美子
脚本　八田尚之
監督　久松静児

恋愛に傷つき生活と斗いながら一筋の夢を求めて貧苦のどん底を放浪する女性の半生記

全体には問題はないが　次の点を注意して欲しい。

(1) シーン24の終りの方　香具師の仙吉がふみ子をからかう台詞の「一晩三円でどうだい」の「一晩」を取って欲しい。（風俗1）

(2) シーン107　俊子が腋毛を抜いているとある（二ヶ所）のは演出上注意して欲しい。（風俗2）お由が太ももをあらわに寝返りうつは注意して欲しい。（風俗2）

(3) シーン141　秋子の台詞「たまに一人でのびのび寝たいわ」は暗示的な印象があり過ぎる　よって「のびのびしたいわ」の程度にして欲しい。訂正を望む（風俗1）

家族会議	松竹

製作　山口松三郎
原作　横光利一
脚本　池田忠雄
監督　中村登

東西株式界の勝負の世界を舞台に若い株屋の当主とそれをめぐる四人の女性のくり広げる恋愛劇

希望事項なし

ナ―15

青春三羽鳥	松竹

製作　小倉浩一郎
原作　佐々木邦
脚本　光畑碩郎
〃　野村芳太郎
監督　野村芳太郎

仲の好い三組の男女の描く恋愛喜劇

希望事項なし

山の音	東宝

製作　藤本真澄
原作　川端康成
脚本　水木洋子
監督　成瀬巳喜男

破局に立つ若い嫁を中心に老若三組の夫婦の心理的葛藤を描く

(1) シーン42　寝室に於ける（修一いきなり菊子の手をぐっと引寄せる）ところ煽情的な感じにならぬよう演出上十分に注意して戴きたい（風俗 2）

(2) 菊子の人工流産に関し、人工流産を医師が必要と認めた条件と補足して欲しい（法律 1）

6—16

お嬢さん社長	松竹

企画　福島通人
製作　久保光三
脚本　富田義朗
〃　柳沢類寿
監督　川島雄三

唄の上手な十六才のお嬢さん社長が悪専務の陰謀と斗うユーモラスな物語

希望事項なし

今様お蝶夫人	東芸映画プロダクション

製作　斉藤和久
企画　富田満男
脚本　松角知己
監督

「マダムバタフライ」に取材した音楽舞踊劇

(1) チョンキナ節に合わせて芸者がストリップをやるところや　お蝶さんがピンカートンの目の前でストリップを演ずるところなどがあるが、倫理規程で容認されている範囲を越えた肉体露出の危険があると思われるので　その点十分なる注意を希望した（風俗）

(2) ピンカートンとお蝶さんが結婚の初夜の心よい疲れを見せてベッドに深々と眠っていな――とあるが、風俗上困ることは云うまでもない。然るべく改訂を希望した。（風俗2）

(3) お蝶さんの自害のシーンは過度に残酷な感じにならぬよう演出上の注意を希望した。（残酷7）

十代の誘惑	大映

企画　土井逸雄
脚本　須崎勝弥
監督　久松静児

友人の過失をかばって純潔を疑われた男女の高校生が周囲の無理解に死をもって抗議せんとする物語

希望事項なし

ホ―18

審査集計

規程條項	関係脚本題名及希望個所数		集計
1 国家及社会	「びっくり太平記」（自主改訂本）	1	12
	「荒川の佐吉 遊侠夫婦笠」	1	
	「もしも忍術使えたら」	1	
	「女の各」	1	
	「朝霧」	2	
	「恋文」	1	
	「母系図」	1	
	「燃える上海」	2	
	「ラバウル航空隊」	2	

c−1

番号	項目	作品	数	計
2	法律	「快傑黒頭巾」	1	2
		「山の音」	1	
3	宗教	希望事項なし	0	0
4	教育	「青い青春」	3	3
5	風俗	「鉄腕涙あり」	2	20
		「青い青春」	3	
		「もしも忍術使えたら」	2	
		「女の谷」	2	
		「愛染道中」	1	
		「大江戸六人衆」	1	
		「サラリーマンはお人好し」	1	

c—2

		「女心はひと筋に」	1	
		「放浪記」	4	
		「山の音」	1	
		「今様お蝶夫人」	2	
6	性	希望事項なし	0	0
7	残酷醜汚	「燃える上海」	1	2
		「今様お蝶夫人」	1	

こ－3

○希望事項総数……二九

審査映画一覧

○劇映画

審査番号	題名	会社名	巻数	呎数	製作	企画	原作	脚本	監督	主演
一一三四	花の生涯	松竹	一九	一六、三四四	大谷隆三 高村潔		舟橋聖一	八住利雄	大曽根辰夫	松本幸四郎 淡島千景
一一二一	山を守る兄弟	〃	九	七、七八一	小倉浩一郎	福島通人	大佛次郎	中山文夫	松田定次	美空ひばり 北上弥太郎
八八四	処女雪	〃	一一	九、一〇三	桑田良太郎		小糸のぶ	柳井隆雄	原研吉	高橋貞二 水原真知子
一一五二	とのさま街道	〃	四	三、七七八	石田清吉		野村胡堂	森田竜男	倉橋良介	岩井半四郎 草間百合子
一〇六九	東京物語	〃	一四	一一、一四六	山本武			野田高梧 小津安二郎	小津安二郎	原節子 笠智衆
一一四五	誘蛾燈	東宝	一〇	九、五六〇	藤本真澄		広津和郎	猪俣勝人 山本嘉次郎	山本嘉次郎	上原謙 杉葉子

C―4

一一一九	太平洋の鷲	東宝	一四	一〇、六九二	本木荘二郎			橋本忍	本多猪四郎	大河内伝次郎 三船敏郎
一一四四	次郎長三国志第五部 殴り込み甲州路	〃	九	六、九六〇	本木荘二郎		村上元三	松浦健郎	マキノ雅弘	小堀明男 若山セツ子
一一一八	砂絵呪縛	大映	一〇	八、三七〇		宮田豊	土師清二	八尋不二	安田公義	黒川弥太郎 水戸光子
一一三八	続砂絵呪縛 雪女郎	〃	九	七、三八〇		宮田豊	土師清二	八尋不二	安田公義	黒川弥太郎 水戸光子
一一三六	近世名勝負物語 血斗	〃	一〇	八、二八五		岡田恭	村松梢風	渡崎勝弥 高木俊朗	仲木繁夫	根上淳 沢村美智子
一一一六	地獄門	〃	九	八、二二九	永田雅一		菊池寛	衣笠貞之助	衣笠貞之助	長谷川一夫 京マチ子
一一二三	地の果てまで	〃	一一	九、七五〇		米田治		新藤兼人	久松静児	池部良 久我美子
一一四〇	黒帯嵐	〃	九	七、七〇五			甲賀克彦	八尋不二	加戸敏	三田隆 伏見和子
一一四五	すっ飛び千両旗	新東宝	九	八、七七三	野坂和馬			三村伸太郎	志村敏夫	田崎潤 嵯峨美智子

一一一五	霧の第三桟橋	新東宝	一一	八、二三三	竹中美弘			井手雅人	内川清一郎	舟橋元 三浦光子
一一五四	大岡政談 びっくり太平記	〃	九	七、八四五	杉原貞雄			遠池英雄 西尾正紀	斎藤寅次郎	花菱アチャコ 横山エンタツ
一一六一	思春の泉 草を刈る娘より	〃	一〇	七、九二四	高木次郎 山崎喜暉		石坂洋次郎	館岡謙之助	中川信夫	宇津井健 左幸子
一一四六	風雲八万騎	東映	一〇	八、九八三	柳川武夫		八木保太郎	棚田吾郎 舟橋和郎	佐々木康	月形竜之助 河野清三郎
一一六四	危うし鞍馬天狗	〃	八	七、一〇九		高村将嗣	大佛次郎	加藤泰	萩原遼	嵐寛寿郎 宮城千賀子
一一〇六	早稲田大学	〃	一三	一〇、七九二	大川博	マキノ光雄 岩井金男	尾崎士郎	八住利雄	佐伯清	佐野周二 宮城野由美子
一〇六一	夜明け前	近代映協 劇団民藝	一四	一三、〇八〇	新藤兼人		島崎藤村	新藤兼人	吉村公三郎	滝沢修 乙羽信子
一一二〇	赤い自転車	第一映画社 全逓信従業員組合			伊藤武郎 厚見進			山形雄策 岩佐氏寿	藤原杉雄	原保美 湊京子
一一二六	女の谷	映画創作協団	七	六、七八〇				陶山鉄	陶山鉄	

一一七八	鉄腕涙あり	宝塚映画	六	五、三六六	朝倉文治郎	西亀元貞	滝沢英輔	平田昭彦 宇治かほる

○予告篇

一一三四－T	松竹製作ニュース 第一三〇号	松竹		花の生涯
八八四－T	〃 第一三一号	〃		處女雪
一一二一－T	〃 第一三二号	〃		山を守る兄弟
一〇六九－T	〃 特報	〃		東京物語
一〇六九－T－二	〃 第一三三号	〃		東京物語（第二報）
一一二三－T	大映ニュース 第二八四号	大映		地の果てまで
一一一六－T－二	〃 第二八五号	〃		地獄門
一一三六－T	〃 第二八六号	〃		血斗
一一三八－T	〃 第二八七号	〃		薊砂絵呪縛 雪女郎

一一四〇一T	大映ニュース 第二八八号	大映		黒帯嵐
一一六六一T	〃 第二八九号	〃		紅椿
一一九一T一二	太平洋の鷲	東宝		第二報
一一四四一T	次郎長三国志第五部 殴込み甲州路	〃		
一一五五一T	霧の第三桟橋	新東宝		
一一五四一T	大岡政談 びっくり太平記	〃		
一一六一一T	思春の泉	〃		
一一四六一T	風雲八万騎	東映		
一一〇六一T	早稲田大学	〃		
一一六四一T	危うし！鞍馬天狗	〃		
一一五三一T	日輪	〃		
一一六二一T	魅せられたる魂	〃		
一一七〇一T	鬼伏せ街道	〃		

一〇六一―T	夜明け前	近代映協 劇団民芸			
一〇六一―T―二	夜明け前	〃			第二報
一〇五〇―T	ひろしま	日本教職員組合			
S―一七四―T	いれずみ判官 総集版	東映			

○併映短篇

E―一七六五	あみもの	日映新社	一		東洋紡績（株）企画
E―一七七六	皇太子さま欧米の旅	〃	四		
E―一七七九	秋は運動会	〃	一		
E―一七七〇	結核と科学療法	日映科学映画製作所	二	一、八〇〇	
E―一七六四	神奈川ニュース NO.64	神奈川ニュース映画協会	一		
E―一七七四	〃 NO.65	〃	一		
E―一六七七	開発フラッシュ NO.1	北日本映画	一		

E－七二五	市政だより NO.6	北日本映画	一		北海道企画
E－七五八	道政トピックス NO 9	〃	一		〃
E－七五九	市政だより NO 7	〃	一		〃
E－七三九	南の秘境 屋久島	日本文化映画			
E－七四二	光をあびる村	茨城県			
E－七四九	野毛山遊園地	国際スクリーンガイド	一	三五〇	
E－七五七	昭和廿八年秋場所大相撲 後半戦	大日本相撲協会映画部			
E－七六二	愛の並木道	教育映画	四		
E－七六三	結核との斗い	読売映画社	二		
E－七六七	かみじ山	造形美術協会	一		
E－七六九	牛を狙う虫	モーションタイムズ	二		
E－七七七	明日への力	電通	一	一九〇	キリンビール宣伝映画
E－七七三	人類五十万年史	桑田プロ	四		

E-七七八	貿易再開記念レセプション	新理研	一		
E-七八〇	在りし日の神風特別攻撃隊	記録映画保存会	三		
E-七八四	南伊豆の磯釣り	プレミア	一		
E-七九〇	北斉	青年プロダクション	二	二、〇九四	

○スポーツ・ニュース

P-二八〇	ムービータイムズ 第二八〇号	プレミア			
P-二八一	〃 第二八一号	〃			
P-二八二	〃 第二八二号	〃			
P-二八三	〃 第二八三号	〃			
P-二八四	〃 第二八四号	〃			

○新版

S－一六六	男の花道 大会	東宝	八	六、五八四	原作 脚本 小国英雄 監督 マキノ雅弘	昭和十七年製作
S－一七四	いれずみ判官 総集版	東映			脚本 八住利雄 渡辺邦男 監督 渡辺邦男	昭和二五年四月製作
A－三二四	二十一の指紋	大映	十	七、七八〇	企画 米田治 脚本 比佐芳武 監督 松田定次	昭和二三年六月製作
A－三五四	花くらべ狸御殿	大映	十	八、二二五	企画 清水竜之助 脚本 監督 木村恵吾	昭和二四年三月製作

○完成映画数……二五本

内訳＝松竹　五　東宝　三　大映　六
新東宝　四　東映　三　その他　四

○それらの予告篇……二六本

内訳＝松竹　五　東宝　二　大映　六
新東宝　三　東映　七　その他　三

○併映短篇映画……二四本

○スポーツ・ニュース……五本

○新版……四本

○映画カット希望件数……三本

映画審査概要

○太平洋の鷲　東宝

山本長官（機上の）を狙って機銃を射つアメリカ兵士の顔のカット（大映）を除いて貰った。

尚外国版については改めて検討することを約束した。

○草を刈る娘より　思春の泉　新東宝　俳優座

台詞訂正希望の箇所については　製作者側の責任に於いて　訂正前のものと　訂正と両方を用意し完成映画でこれを決定されることを申出　よって完成映画でこれを更に検討　必ずしもこのままでよしとするのではないが　この程度ならばと承認することとなった。非常に微妙な方言の台詞　或つは野趣ある言葉であり　効果如何によっては何ともなるものであるので　以上の申出を承諾したのであって　決してこれを以って今后もよしとするのではないことを特に了解しておいて貰った。

c—14

○風雲八万騎　東映

脚本の時のディスカッションの線で大体演出され　天海は天心となり　且つ女犯心理の描写はきりつめてあるが　寛永寺は困っていた。此の点遺憾であったが　東映内部の連絡不充分と云う陳謝があったので　以後慎重にされたい旨希望した。寛永寺より抗議のあった場合は東映側で善処する筈である。

○危うし！鞍馬天狗　東映

これは前后篇製作予定で企画されたものであるが　製作者の都合で　后篇は製作中止されることになった。この為従来の慣例からは前篇終のタイトルでなければならぬものであるが　右の如き特殊の場合を考慮し　従来の原則とは異るが　一応「終」のタイトルとなっていることは（製作者側のお処置の不備があってかくなった旨申出があったが）当方としてはこの限りとして認めることにした。原則としては何ら変更があるものではない。

○赤い自転車　第一映画社
全逓信従業員組合

c—15

セリフ「……パンパンにでも保安隊にでも……」は或いは保安隊誹謗に聞える嫌いもあり製作者と協議したが　その結果　画面上の扱いが極めて控え目である点も考慮し　今回に限り公務員間の問題は製作者間に於て善処するとの申出でを諒承し　今后に慎重な注意を要望するにとどめた。

○太平洋の鷲（予告篇第二報）　東宝

後半の戦斗シーンにつけられた軍艦マーチは　その軍国主義的美化の印象が強すぎるので他の耳なれないマーチに代えられたいと希望した。（三十呎）　後に君が代マーチに代えたと届出があったが　これでは決して望ましいとは云えないが　このままにすることとした。当方の希望の要旨をもっとよくのみこんで　一層の協力を十分に期待したいものである。

○思春の泉（予告篇）　新東宝 俳優座

脚本審査に於いても注意して貰うよう云っておいた湖畔の裸の娘達の件　ロングで三四人の乳房を出した娘達が走るカット　後姿になるところまでカットして貰うことを承諾を得た。（一一・五呎）

○南伊豆の磯釣り　プレミア映画

海女が海から上って来るフカン撮影に　乳房が見える所があるが　ロング・ショットであり　且つ淫猥な感がないのと磯釣りクラブ納品で一般公開しない予定であることも考慮し認めることとした。

尚この件に関し阪田・荒田両氏とも話合い　海女・モデル（画室の）の場合の裸は弊害なき限り認めることとした。

○ムービー・タイムズ第二八〇号　プレミア映画

○磯釣りの醍醐味

海女が乳を出しているが　大遠景であり　直ぐ水に飛び込むので不問とする。近景の海女何れも後向きであり注意して撮影してある。

C―17

宣伝広告審査概要

◎ 審査終了した宣材料

スチール……………………八四〇枚

プレス……………………三九枚

ポスター……………………五七枚

撮影所通信其の他……………………七一枚

該当希望事項なし

i－18

各社封切一覧

封切月日	審査番号	題名	製作会社	備考
○松竹				
十月七日	一一二七	東京マダムと大阪夫人	松竹	
	一〇九九	利根の夕霧	〃	
十月十四日	一一三四	花の生涯	〃	
十月二十日	八八四	處女雪	〃	
十月二十七日	一一二一	山を守る兄弟	〃	
○東宝				
十月七日	一一四五	誘蛾燈	東宝	
	S－一七一	トンチンカン長屋騒動	〃	
十月二十日	一一一九	太平洋の鷲	〃	

c－19

十月二十七日	一一七八	鉄腕涙あり	宝塚映画	

○大映

十月七日	一一一八	砂絵呪縛	大映	
十月十四日	一一三六	出世名勝負物語 血闘	〃	
十月二十日	一一二三	地の果てまで	〃	
	A－三五四	花くらべ狸御殿	〃	
十月二十七日	一一三八	続砂絵呪縛 雪女郎	〃	
十月三十一日	一一一六	地獄門	〃	

○新東宝

十月七日	一一四二	すっ飛び千両旅	新東宝	
十月十四日	一〇六一	夜明け前	近代映協 劇団民芸	
十月二十一日	一一一五	霧の第三桟橋	新東宝	
十月二十七日	一一五四	びっくり太平記	〃	

十月二十七日	E－七八〇	在りし日の神風特別攻撃隊	記録映画保存会
○東映			
十月七日	一〇三七	新書太閤記第二部 急襲桶狭間	東映
十月十四日	一一四六	風雲八万騎	〃
十月二十日	一一六四	危うし！鞍馬天狗	〃
十月二十七日	一一〇六	早稲田大学	〃

c－21

映画倫理規程審査記録第五二号

昭和二十八年十一月十日発行

発行責任者　池田義信

東京都中央区築地三ノ六

映画倫理規程管理部事務局

電話築地（55）二八〇二
〇六九六番

C－22

映画倫理規程審査記録

第53号

※収録した資料は国立国会図書館の許諾を得て、デジタルデータから復刻したものである。
資料への書き込み、破損・文字の掠れ・誤字等は原本通りである。

53

映画倫理規程

審査記録

28.11.1～28.11.30.

国立国会
28.12.24
図書館

映画倫理規程管理委員会

目次

管理部記事

○日本映画連合会々長の交替に当り　大谷前会長　大川新会長より　十一月六日　次の如きメッセージが映画倫理規程管理委員会に対して贈られました。

＊　＊　＊

大谷竹次郎

今回不肖日本映画連合会々長の任を終え、新たに大川博君がその職に当ることとなりました。

顧みれば在職の間　思い出も多き中に特に深く心に止るものは去る年昭和廿四年「映画倫理規程」制定の日の感激であります。この日を以て日本映画界は社会に対してその生み出す作品の倫理的責任を明らかにし、以て文化財の民主的自主管理という劃期的事業を発足せしめたのであります。爾来四年に亘る努力の成果は　今日「映画倫理規程」管理委員会をしてこの種文化事業の中核たるの地位を確立せしめ　日本映画界に対する社会的信用もこれによって一段の重きを加えました。私の永い映画生活の中でこのことは洵に会心の一事として一生の思い出となると存じます。

今や四囲の情勢はいよいよ複雑を極め　本委員会の動向亦社会の注視を浴びつつあるこの際　私は過去に於ける関係各位の真摯なる御努力に最大の感謝と敬意を表すると共に今後一層の御協力と御精励を祈って止みません

昭和廿八年十一月六日

＊　＊　＊

日本映画連合会

会長　大川　博

最近に於ける日本映画界の情況は、皆様御承知の如く製作本数も飛躍的に増加し、その内容に於ても特に今秋の如きは各社の芸術祭参加映画を中心に注目すべき作品の続出を見海外進出の気運も頻みに上りつゝあるのであります。この最も重要なる時期に当り　不肖皆様の御協讃を得て大谷前会長に代り日本映画連合会々長の要職をけがすこととなりました。洵にその責任の重且つ大なることを痛感する次第であります。

惟うに映画産業一般の基盤を支うるものとしてはその企業的健全性はもとよりでありますが、その提供する作品に対する社会的信用こそ一層重大であります。その社会的信用の基準は　正しく映画の倫理性にその重点を置かるべきものであり　従って「映画倫理規程」の運営の成否は直ちに映画産業の将来をトする羅針盤となるのであります。

特に現下我国内外の情勢洵に微妙の折柄、一歩を誤れば文化文運の明暗を決することとなりますので本委員会の責務は洵に重大であります。ついては 関係各位はその責務の重大性に鑑みこの際一段と勉励努力し 日本映画界の名誉にかけて克く社会の負托に応えられんことを切にお願い致しまして私の就任の御挨拶と致します。

昭和廿八年十一月六日

＊　　＊　　＊

a—3

審査脚本一覧

社名	題名	受付日	審査終了日	備考
大映	母の湖	一〇、三一	一一、二	
東映	逆襲!鞍馬天狗	一一、二	一一、四	
東映	放浪記	一一、二	一一、四	自主改訂版
東映	愛染道中 男の血祭	一一、二	一一、四	「愛染道中」の改題 自主改訂版
東映	忠治旅日記 喧嘩太鼓	一一、四	一一、五	「極付国定忠治」の改題
大映	怪盗まだら蜘蛛	一一、四	一一、七	
創映プロ	愛をもとめて ―サイパン最後の記録	一一、五	一一、七	
東映	べらんめえ獅子	一一、六	一一、一一	「べらんめえ十万石」の改題
東宝	この恋五千万円	一一、九	一一、一一	
シネ・アート・プロ	海境線《リーライン》の人々	一〇、一七	一一、一二	

松竹	お役者変化	一一、一二	一一、一六	
新東宝	娘十六ジャズ祭り	一一、一二	一一、一七	
大映	花の三度笠	一一、一三	一一、一七	
春秋プロ	奈良	一一、一三	一一、一八	
東映	眞田十勇士	一一、一九	一一、二一	
東映	続々々魚河岸の石松 大阪罷り通る	一一、二一	一一、二四	
東宝	坊っちゃん社員	一一、二一	一一、二四	
大映	山椒大夫	一一、二一	一一、二四	
大映	或る女	一一、二一	一一、二四	
井上プロ	ジャズスター誕生	一〇、三一	一一、二四	「リズムに来って」の改題
東映	曲馬団の魔王 多羅尾伴内シリーズ第六話	一一、二四	一一、二五	
マキノプロ	今宵誓けぬ	一一、二四	一一、二六	
新東宝	初笑い 寛永御前試合	一一、二五	一一、二八	

新東宝 綜芸プロ	天保六花撰 やくざ娘	一一・二五	一一・二八
滝村プロ	第二の接吻	一一・二五	一一・二八
宝塚映画	若い瞳	一一・二五	一一・二八
松竹	めでたい風景	一一・二四	一一・三〇
東京映画	ママの日記	一一・二八	一一・三〇

◎新作品 ……………… 二六本

シナリオ数 ……………… 二八本

内訳＝松竹 二　東宝 二　大映 五　新東宝 三

東映 八（内改訂版二）　創映プロ 一　春秋プロ 一

井上プロ 一　マキノプロ 一　滝村プロ 一　宝塚映画 一

東京映画 一　シネアートプロ 一

a—6

脚本審査概要

母の湖
大映

企画 中代冨士男
原案浪曲構成 荻原四朗
脚本 笠原良三
監督 小石栄一

娘のために殺人を犯した老看護婦が義理の子に法廷で裁かれるという母性愛悲劇浪曲物

希望事項なし

逆襲！鞍馬天狗
東映

原作 大佛次郎
脚本 加藤泰
監督 萩原遼

6—7

「危し鞍馬天狗」の解決篇

希望事項なし

放浪記 改訂本	東映

前稿よりなお残っている腋毛をぬく演技、太ももの出る描写など演出注意して欲しい（風俗2）

淩染道中 男の血祭	東映

a—8

改訂された効果から　前稿の時の申出のうち、シーン56　捕方金助の台詞のうち　「男の中の男一匹」と云う讃辞を止めて貰うことだけにとどめる　（国家及社会　２）

忠治旅日記　喧嘩太鼓（「極付　国定忠治」の改題）	東映

企画　玉木潤一郎
原作　行友李風
構成　比佐芳武
脚本　高岩肇
監督　松田定次

代官を斬って潜行中の国定忠治が悪親分山形屋藤蔵をこらしめて貧しい親娘を救う物語

(1) 忠治の扱いが英雄化に終始しすぎる。ラストに於いて結局は忠治が　例えば自首する心境にある程度の暗示は欲しい　（国家及社会　２）

2—9

(2) 篇中　人身売買が絡められてあるが　遊女屋の扱いと共にでき得る限りの穏かな表現が望ましい　（風俗　１）

怪盗まだら蜘蛛	大映

企画　高桑義生
原作　陣出達朗
脚本　民門敏雄
監督　安田公義

暴逆な大名を狙う怪盗と遠山金四郎の対決を描く活劇物

希望事項なし

2—10

愛をもとめて ―サイパン最後の記録―	創映プロダクション

企画　下川儀太郎
製作　若山一夫
〃　篠塚吉太郎
構成　八木保太郎
脚本　北村勉
監督　楠田清

一家族を中心にサイパン島軍民の悲惨な末路を描く

(1) 全体に亘ってしばしば描写の背景などに出る屍体の表現は演出に注意して欲しい（残酷、醜汚）

(2) シーン36の回想、原島と淳子のもつれあう描写演出上注意されたい。（風俗1）

(3) シーン40 兵隊が情事のあとのような感じでヘッポンをつり上げながら顔を出す〟とあるのは　この程度にとどめられたい。ボタンをかけながらなどのしぐさのないように（風俗1）

(4) シーン41の「スパイらしい」のあと「半島人さ」とあるのは、止めて欲しい　国籍名は出さぬこと（国家及社会3）

ト―1

べらんめえ獅子
「べらんめえ十万石」の改題
東映

企画 大森康正
原作 城昌幸
脚本 八尋不二
監督 渡辺邦男

浪人姿で市井にかくれていた老中の若君が悪臣共の陰謀と斗って家を守り帰参する物語

希望事項なし

この恋五千万圓
東宝

製作 山本紫朗
原作 菊田一夫
脚本 八住利雄
監督 佐伯幸三

跡とり息子と称して田舎の金持の家を乗取ろうとしたペテン師が実は本物であったと云う諷刺喜劇

—２

海女及びストリップショウの肉体露出の限度を十分注意して演出して戴きたいと希望した
（風俗２）

海境線《リーライン》の人々

シネ・アート・プロ

製作 田所信竜
企画 三上貞夫
脚本 佐藤春人
〃 原本透
監督 佐藤春人

李ラインに近い鳥取県境港を舞台に少年達を中心とする人々の生活と海上保安部の活躍を描く

(1) 茂夫と悪人達の交渉はこの場合 茂夫をなるべく共犯でないかたちに演出されたいこと。（つまり茂夫は出来る丈け悪人達に強制されて止むを得ずやっていると云う感じにして戴きたい）（法律１）
(2) 海上保安部に関しては保安部と連絡の上・正確を期せられたい（法律１）

お役者変化	松竹

製作　小倉浩一郎
原作　村上元三
脚本　加田三七
監督　大曽根辰夫

歌舞伎役者の群に投じた一浪人が弟を殺した悪旗本一味を向うに廻して活躍する物語

希望事項なし

娘十六ジャズ祭り	新東宝

製作　杉原貞雄
脚本　赤坂長義、京中太郎
監督　井上梅次

歌の上手なみなし子の少女と街の老音楽家と若いジャズメンの友情を描く軽音楽劇

希望事項なし

花の三度笠	大映

企画　高桑義生
原作　子母沢寛
脚本　犬塚稔
監督　田坂勝彦

恋のさやあてから人を傷つけて渡世人となった江戸の花形役者が再び檜舞台に返り咲く迄の物語

希望事項なし

奈一良	春秋プロ

製作　本宮昌勲
企画　錦谷良介
〃　西沢周基
構成　八木保太郎
脚本　片岡薫
監督　関川秀雄

古都奈良と其処に出来た基地の対照を背景に隣接した農家とキャバレーの二組の家族の悲劇を描く。

(1)房子がアメリカ兵に犯される件　これはアメリカ兵の責任だけではない　房子の環境の然らしめた結果でもあると云う点をもう少し強調して戴きたい（国家社会3）

(2)不良少年たちが少女のスカートをまくり上げたり、巫子の裾をまくったりする件　これは風俗上の点を十分注意して演出して戴きたい。（風俗1）

(3)立小便をする個所があるが　風俗上　教育上好ましからぬので　立小便をしている所はハッキリ出さぬよう演出上の注意をして欲しい（風俗2）

(4)房子の自殺の死体の描写は過度に残酷な感じを避けて貰いたい（残酷7）

（なお、外国人の出演に関しては然るべき正当な承諾を得られたいと注意して置いた）

真田十勇士	東映

企画　大森康正
脚本　村松道平
〃　結束信二
監督　河野寿一

梗概　霧隠二人の忍術使を中心に真田十勇士の活躍を描く三つの物語

希望事項なし

続々続 魚河岸の石松
大阪罷り通る

東映

企画 三上訓利
原作 宮本幹也
脚本 笠原良三
監督 小石栄一
〃 小林恒夫

東京を飛出した魚河岸の名物男が大阪の魚市場を舞台に活躍する第四篇
この映画の従来の注意の如く、痴情的な描写に対しては特に慎重な演出注意を望みたい
（風俗１－２）
またラストの李ラインへ乗り出して漁をしようと云う台詞は、時局柄これにふれないよう
訂正を望みたい。これについては、その訂正案をなお当方に見せて欲しい旨を伝えた（国
家及社会３）

坊っちゃん社員

東宝

製作 藤本真澄
原作 源氏鶏太
脚本 池田一朗
〃 山本嘉次郎
監督 山本嘉次郎

地方の支社に転勤になった青年社員が社内の葛藤にまき込まれて活躍するユーモラスなサラリーマン物

希望事項なし

山椒大夫	大映

企画　辻久一
原作　森鴎外
脚本　八尋不二
〃　依田義賢
監督　溝口健二

配所の父を尋ねる親子が人買いの為に生別し再会する迄の悲劇を描く

シーン38　烙印の場は余りに残酷に失することのないよう演出注意されたい（残酷醜汚3）

或る女	大映

企画　中代・冨士男
〃　小川吉衛
原作　有島武郎
脚本　八住利雄
監督　豊田四郎

ホ－8

因襲に抗して自我の解放と発展を求めながら、その生き方に破れた女性の悲劇

希望事項なし

ジャズスター誕生 （「リズムに乗って」の改題）	井上プロ

企画
製作　井上正文
脚本　志村敏夫
〃　池上金男
監督　西村元男

レビューのワンサーガールが人々の愛情に包まれて上京した母親の前で主役を演ずる軽音楽劇

希望事項なし

6—9

曲馬団の魔王
多羅尾伴内シリーズ
第六話

東映

企画　玉木潤一郎
脚本　比佐芳武
監督　佐々木康

元男爵家のお家騒動から起った曲馬団の連続殺人事件を解決する名探偵多羅尾伴内の第六話

伴内（その実体は正義の使徒藤村大造である）が　シーン91で診察室に於いて高野医師から証拠のカルテを手に入れるためピストルでおどかすなどの個所があるが　正義の使徒として不都合と思われる　このシーン91については補足或いは改訂をしていただきたい（法律２）

今宵誓いぬ

マキノ
プロダクション

製作　マキノ真三
〃　衛藤一
企画　星野和平
原作　大林清
脚本　松浦健郎
〃　大曽玉樹
監督　田中重雄

5—10

幼い時に生別した歌手の娘が　母のヒット・ソングで楽壇にデビューする物語を中心にその恋と友情を描く音楽劇

希望事項なし

初笑い　寛永御前試合
新東宝

製作　杉原貞雄
脚本　八住利雄
監督　斉藤寅次郎

無頼の好人物の剣客を主人公とする挿話によって寛永御前試合を喜劇風に描く

希望事項なし

天保六花撰　やくざ狼
新東宝　綜芸プロ

製作　竹中美弘
脚本　小国英雄
監督　萩原遼

6—11

牢獄の火事でとき放しを受け母の墓参に帰った金子市之丞が河内山の協力で森田屋の悪業を懲し再び牢に帰る物語を描く時代劇

シーン3等に子供のサイコロ賭博があるが　青少年に対する悪影響を考慮し　画面上は描写が詳細に亘らぬよう演出上注意した（教育え）

第二の接吻

竜村プロダクション

製作　滝村和男
原作　菊池寛
脚本　成沢昌茂
監督　長谷部慶治

性格の相反する二人の従姉妹同志と一人の青年をめぐって展開する恋愛葛藤の悲劇

希望事項なし

a－12

若い瞳	宝塚映画

脚本 長谷川公之
監督 鈴木英夫

幼なじみの大学生と高校生の恋愛を中心に学窓を出る若い男女の夢と好奇と不安の心理を描く

(1) 係(未成年者)が喫煙するところ(シーン24)違法であることを強調して戴きたい(法律2 教育2)

(2) 隆子「こっちさえしっかりしてればあんな手紙ぐらい……一度や二度は貰った方が箔がつくよ」
健作「そんな まるで文化勲章見たいな」とあるが この「文化勲章」は教育上面白からず改訂を希望した(教育2)

(3) 和郎「……毛唐って奴ア……」の毛唐は国民感情の点で改訂を希望した。(国家及社会3)

めでたい風景	松竹

製作　大町龍夫
原作　源氏鶏太
脚本　津路嘉郎
監督　穂積利昌

コンクール第一位の美人と結婚したサラリーマンの悲喜劇を描く

希望事項なし

ママの日記	東京映画

製作　加藤謙
原作　水木洋子
〃　龍野敏
脚本　北村勉
〃　佐治乾
監督　春原政久

平凡なサラリーマン家庭の主婦の日記を題材に中年の夫婦の心理と愛情　それに対する若い男女の恋愛観　社会観を描く

シーン85　「卓夫はぶっと屁をする」の個所はほかのギャグにかえられたいと希望した
（風俗　2）

6－14

審査集計

規程條項	関係脚本題名及希望個所数		集計
1 国家及社会	「男の血祭」	1	5
	「愛を求めて」	1	
	「奈良」	1	
	「大阪罷り通る」	1	
	「若い瞳」	1	
2 法律	「曲馬団の魔王」	1	4
	「海境線《リーライン》の人々」	2	
	「若い瞳」	1	
3 宗教	希望事項なし	0	0

c-1

番号	項目	作品	件数	計
4	教育	「やくざ狼」	1	3
		「若い瞳」	2	
5	風俗	「母の湖」	1	9
		「喧嘩太鼓」	1	
		「愛を求めて」	2	
		「この恋五千万円」	1	
		「奈良」	2	
		「大阪罷り通る」	1	
		「マゝの日記」	1	
6	性	希望事項無し	0	0
7	残酷醜汚	「愛を求めて」	1	3
		「奈良」	1	

c−2

「山椒大夫」 一

○希望事項数……………二四

審査映画一覧

○劇映画

審査番号	題名	会社名	巻数	呎数	製作	企画	原作	脚本	演出	主演
一一七二	家族あわせ	松竹	一〇	八、〇〇一	小倉浩一郎		北條誠	長瀬喜伴	瑞穂春海	若原雅夫 角梨枝子
一一七四	荒川の佐吉 遊侠夫婦笠	〃	一二	八、九二七	小倉浩一郎		眞山青果	鈴木兵吾 永江勇	堀内眞直	高田浩吉 宮城野由美子
一一四九	壁あつき部屋	新鋭プロダクション			小倉武志		B・C級戦犯記録	安部公房	小林正樹	浜田寅彦 岸恵子
一一六八	君の名は 第二部	松竹	一二	一〇、七八五	山口松三郎		菊田一夫	柳井隆雄	大庭秀雄	岸恵子 佐田啓二
一一八七	勢揃い大江戸六人衆	〃	一〇	八、六六〇	杉山茂樹		木村学司	八住利雄	斎藤寅次郎	花菱アチャコ 宮城千賀子
一一五六	愛人	東宝	九	七、五一一	藤本眞澄		森本薫	和田夏十 井手俊郎	市川崑	三國連太郎 岡田茉莉子

一一七六	お祭り半次郎	〃	一〇	八、〇二五	清川峰輔			藤木弓	稲垣浩	長谷川一夫 高峰三枝子
一一六六	紅椿	大映	九	七、四九〇		根岸省三		中江良夫	吉村廉	船越英二 沢村美智子
一一四八	無法者	〃	一〇	七、九九〇		三浦信夫	中山正男	八住利雄	佐伯幸三	菅原謙二 若尾文子
一一四七	魔剣	〃	一一	九、一四〇			五味康祐	安達伸生	安達伸生	大河内伝次郎 山根寿子
一一七一	心臓破りの丘	〃	九	七、七九〇		岡田熱		須崎勝弥	木村恵吾	根上淳 久我美子
一一九〇	銭形平次捕物控 金色の狼	〃	九	八、三六〇		辻久一	野村胡堂	八木隆一郎	森一生	長谷川一夫 木暮実千代
一一九六	怪猫有馬御殿	〃	五	四、五三〇		高桑義生		木下藤吉	荒井良平	入江たか子 坂東好太郎
一一五八	一等女房と三等亭主	新東宝	九	八、五二五	金田良平			松浦健郎	小森白	轟夕起子 伊藤雄之助
一一八九	若さま侍捕物帖 恐怖の折鶴	〃	一〇	八、三〇五	伊藤基彦 松本常保		城昌幸	京中太郎 村山俊郎	並木鏡太郎	坂東鶴之助 嵯峨美智子

C－5

一一七〇	鬼伏せ街道	東映	九	八、五二一		玉木潤一郎		比佐芳武	松田定次	片岡千恵蔵 山根寿子
一一六二	魅せられたる魂	〃	一三	一〇、七四九	大川博	マキノ光雄 岡田寿之	ロマン・ロラン	田中澄江	春原政久	津島恵子 波島進
一一五三	日輪	〃	一二	九、七四八	大川博	マキノ光雄	横光利一	比佐芳武	渡辺邦男	市川右太衛門 片岡千恵蔵
一一七三	快傑黒頭巾	〃	一〇	八、四一〇		柳川武夫	高垣眸	小川正	河野寿一	大友柳太朗 喜多川千鶴
一一五九	憧れの星座	〃	九	八、二二五		三上訓利	大林清	高岩肇 笠原良三	佐々木康	高千穂ひづる 宇佐美淳
一一八四	股旅道中 男の血祭	〃	九	八、三六五		西原孝	並木行夫	鈴木兵吾	佐伯清	市川右太衛門 日高澄子
一〇二五	逆襲—鞍馬天狗	〃	九	七、〇〇八		玉木潤一郎	大佛次郎	加藤泰	萩原遼	嵐寛寿郎 宮城千賀子
一〇九六	女の一生	近代映協 新東宝	一四	一二、四三八	吉村公三郎 糸藤勝三			新藤兼人	新藤兼人	乙羽信子 日高澄子
一一六〇	北海の虎	東京映画	一一	九、三三五	加藤譲		中山正男	新井一	田中重雄	藤田進 花柳小菊

二－6

一一七五	純情社員	南旺映画 新東宝	一〇	八、四四七		金子正且	源氏鶏太	長谷川公之 並木 遼	斎藤達雄	小林桂樹 杉 葉子
一一七九	忍術罷り通る	東京映画	九	七、〇三一	加藤 譲			若尾徳平 野村浩将	野村浩将	花菱アチャコ 横山エンタツ
一一八六	今宵ひと夜を	宝塚映画					広津和郎	井手俊郎	千葉泰樹	八千草薫 東郷晴子
一一八八	海魔陸の人々	シネ・アート プロ	七	五、五六三	田所信竜			佐藤春人 原木 遼	佐藤春人	
一一一四	にごりえ	新世紀映画 文学座	一三	一一、六六三	伊藤武郎	文学座	樋口一葉	水木洋子 井手俊郎	今井 正	淡島千景 久我美子
一一〇四	赤線基地（自主改訂版）	東宝	九	八、八八三	田中友幸			木村 武 谷口千吉	谷口千吉	三国連太郎 根岸あけみ
一〇五〇	ひろしま 輸出版	日本教職員組合	一二	九、五六五				八木保太郎	関川秀雄	岡田英次 山田五十鈴

○予告篇

一一六八—T	君の名は 第二部	松竹

C—7

一一九九－T	青春三羽烏	松竹		
一一五六－T	愛人	東宝		
一一七六－T	お祭り半次郎	〃		
一一四七－T	大映ニュース 第二九〇号	大映		魔剣・無法者（特報）
一一四八－T	〃 第二九一号	〃		無法者
一一九〇－T	〃 第二九二号	〃		銭形平次捕物控 金色の狼
一一八〇－T	〃 第二九三号	〃		にっぽん製
一一五八－T	一等女房と三等亭主	新東宝		
一一八九－T	恐怖の折鶴	〃		
一一六七－T	叛乱	〃		（特報）
一一六二－T	魅せられたる魂	東映		渋谷東映開場迫る（特報）
一一七三－T	快傑黒頭巾	〃		
一一五九－T	憧れの星座	〃		

一二〇五－T	逆襲！鞍馬天狗	〃		
一〇九六－T	女の一生	近代映協 新東宝		
一一一四－T	にごりえ	新世紀映画 文学座		
一一六〇－T	北海の虎	東京映画		
一一七五－T	純情社員	南旺映画		
一一七九－T	忍術罷り通る	東京映画		

○併映短篇

E－七四七	基地の子たち	キノプロダクション		
E－七九三	神奈川ニュース NO 66	神奈川ニュース映協		
E－八〇六	〃 NO 67	〃		
E－七九八	大分県ニュース NO 12	電通	一	五〇〇
E－七九九	共同募金の話	〃	一	一、〇〇〇

ニ－9

E－八〇三	ムービー・アドプレゼント	電通			
E－七七六	市政だより NO 8	北日本映画	一	一九九	
E－七九四	道政トピックス NO 10	〃	一	三三二	
E－七一七	かくて二百万人の足は動く	三和映画社	四	三、四八〇	
E－七四一	科学と平和 ―湯川博士は語る	北欧映画	二	一、八五〇	
E－七六三	赤扉	読売映画社	三		
E－八一〇	シミキン炎上	不二プロ	三	二、五〇〇	消防庁予防部企画
E－七六八	赤線地帯	朝日映画			「売春地帯」の改題

○スポーツ・ニュース

P－二八五	ムービー・タイムズ 第二八五号	プレミア			
P－二八六	〃 第二八六号	プレミア			
P－二八七	〃 第二八七号	プレミア			

P-二八八	〃	第二八八号	プレミア		
○新版					
S-一七五	エノケンの法界坊（改修版）	東宝	七	四、七五三	製作 滝村和男 脚本 小川記正 小国英雄 監督 斎藤寅次郎 昭和十三年製作
S-一七六	三味線侍	〃	六	四四一一	脚本 鏡次郎 監督 並木鏡太郎 昭和十三年二月製作 （「山茶花街道」の改題）
S-一七七	忠臣蔵	日活			（天の巻）脚本 山上伊太郎 監督 マキノ正博 （地の巻）脚本 滝川紅葉 監督 池田富保 昭和十三年製作
S-一七八	流賊黒馬隊 總集版	東映			脚本 比佐芳武 監督 松田定次 昭和二十七年十月製作
S-一七九	素浪人剣法	東宝	七	六、一三一	原作 三村伸太郎 脚本 監督 滝沢英輔 昭和十三年製作 （「武道千一夜」の改題）

C—11

○完成映画数……三〇本

内訳＝松竹　五　東宝　三　大映　六

新東宝　二　東映　七　その他　七

○それらの予告篇……二〇本

内訳＝松竹　二　東宝　二　大映　四

新東宝　三　東映　四　その他　五

○併映短篇映画……一三本

○スポーツニュース……四本

○新版……五本

○映画カット希望件数……五件

C−12

映画審査概要

○魅せられたる魂　東映

「完全なる結婚」(本)のクロイズアップが出るが　性典物ではないし直ちにその場で否定するように取扱われているので　まず認めることとした　今後はこの種の扱いに対し充分注意されたい旨申入れた

○男の血祭　東映
　愛染道中

シナリオ審査の際の希望事項「男の中の男一匹」の台詞がなおのこっていたので　削除してもらった

○ひろしま(輸出版)　日本教職員組合

C－13

冒頭に本篇の主旨を徹底させるためタイトルを附加　更に途中に日付説明のタイトルさも入れ　「ドイツ人の手紙」の朗読の末尾　反米的な誤解をまねく件を除いたりして被害描写を更に自主的に整理してもらったりなどして　外国版としてこれにすることと決定した

○女の一生　　近代映画協会
　　　　　　　新東宝

巻頭　タイトルバックのヌードは必ずしも好ましくはないが　今后の注意を希望し　今回はこれを諒承した　因みにヌード像は乳房露出はあるが　すべて静止像のみである

○忍術罷り通る　　東京映画

「左様天国と云えば拙者も時々パンパン天国に参るが　とかく天国などにおると時間の立つのが早いものでござるのう」の台詞は脚本審査の際風俗上好ましからずとして改訂を希望したのであるが　完成映画では改訂されないでそのまゝ使われていた
そこでこの台詞の改訂を希望し　結局　パンパン天国の「パンパン」が削除されることになった

○今宵ひと夜を　宝塚映画

夜這いの描写とヒロポン注射場面共に演出上注意された事は認められたが尚聊か過度であるやに考えられる節もあったので今后更に留意されんことを希望し連絡方を依頼した

○基地の子たち　東京キノプロダクション

(1)第二巻　検診場面二五呎削除（風俗1）
(2)国際感情を顧慮　誤解を避けるため　次の如き字幕を冒頭に挿入する（国家及社会3）
「念のために――この映画は基地問題をめぐつておきているさまざまな今日の不幸な状態を一掃し明るいゝふるさとゝを築きたいと云う念願から作られたものである　この映画で取扱われているアメリカ兵は全部のアメリカ人を代表するものでないことは勿論である」

○赤線地帯　朝日映画

(1)私刑場面　(2)ヒロポン注射場面　(3)引付部屋に於ける金銭支払場面等　何れも描写が稍

々過度に亘るものが認められたので夫々　短縮改訂を希望　尚製作者に於ても一部撮り増し希望の申入れがあったので本篇に関しては改訂完成版につき改めて審査を行うこととした

（註）　改訂完成版は十一月十日に審査を終了した　右の希望個所は全部短縮実行されてい

尚　題名は当方の希望に基き「青春地帯」を「赤線地帯」と改題された

○　忠　臣　蔵　　日　活

封建性否定及び仇討否定のため不都合と思われる個所三ヶ所削除を希望し　又この映画の終りに「翌元禄十六年二月四日　一同切腹おゝせつけらる」のタイトルを加えることを希望し　実行された

宣伝広告審査概要

◎ 審査終了した宣材料

スチール……………………………一、一三五枚
プレス……………………………三二枚
ポスター……………………………四二枚
撮影所通信其の他……………………………四四枚

該当希望事項なし

C—17

各社封切一覧

封切月日	審査番号	題名	製作会社	備考
○松竹				
十一月三日	一〇六九	東京物語	松竹	
十一月十日	一一〇一	若君逆襲す	〃	
十一月十七日	一一七二	家族あわせ	〃	
	一一五二	殿様街道	〃	
十一月二十三日	一一一四	にごりえ	新世紀映画 文学座	
	一一七四	荒川の佐吉 遊侠夫婦笠	松竹	
十一月二十九日	一一六八	君の名は 第二部	〃	
○東宝				
十一月三日	一一四四	次郎長三国志 第五部 殴込み甲州路	東宝	

十一月十日	一一五六	愛人	〃	
十一月十七日	一一六〇	北海の虎	東京映画	
十一月二十三日	一一七六	お祭り半次郎	東宝	
○新東宝				
十一月三日	一一六一	思春の泉	新東宝	
十一月十一日	一一五八	一等女房と三等亭主	〃	
十一月十七日	一〇四九	学気天国	新理研	
十一月二十三日	一〇九六	女の一生	近代映協 新東宝	
○大映				
十一月三日	一一四〇	黒帯嵐	大映	
十一月十一日	一一六六	紅椿	〃	
十一月十七日	一一四七	魔剣	〃	
十一月二十三日	一一四八	無法者	〃	

C—19

○東映

十一月三日	一一七〇	鬼伏せ街道	東映
十一月十日	一一六二	魅せられたる魂	〃
十一月十七日	一一五三	日輪	〃
十一月二十三日	一一五九	憧れの星座	〃
十一月十一日	一一二〇	赤い自転車	第一映画 全逓従業員組合

C—10

映画倫理規程審査記録第五十三号

昭和二十八年十二月十日発行

発行責任者　池田義信

東京都中央区築地三ノ六

映画倫理規程管理部事務局

電話築地（55）二八〇二
〇六九六番

映画倫理規程審査記録

第54号

※収録した資料は国立国会図書館の許諾を得て、デジタルデータから復刻したものである。
資料への書き込み、破損・文字の掠れ・誤字等は原本通りである。

54

映画倫理規程

審査記録

29.1.29

映画倫理規程管理委員会

目次

審査脚本一覧

社名	題名	受付日	審査終了日	備考
松竹	開化書生節	一一、二五	一二、一	
松竹	慶安水滸傳	一一、二八	一二、一	
東宝	伊都子とその母	一一、二八	一二、二	
新東宝	花と波濤	一二、一	一二、二	
新東宝 創元プロ	鯉名の銀平	一二、一	一二、二	
大映	雪の夜の決闘	一二、一	一二、三	
京映プロ 現代俳優協会	唐人お吉	一〇、二九	一二、四	
松竹	春の若草	一一、二四	一二、七	
東京映画	よい婿どの	一二、四	一二、七	
東映	旗本退屈男 どくろ屋敷	一二、三	一二、八	

a—1

社名	題名	受付日	審査終了日	備考
松竹	股旅しぐれ	一一　二四	一二　九	
新芸術プロ	ひよどり草紙	一二　七	一二　九	
池田プロ	若夫婦は朝寝坊	一二　七	一二　九	
宝塚映画	鞍馬天狗斬り込む	一二　七	一二　九	
新東宝	月夜櫻	一二　八	一二　一〇	
大映	心の日月	一二　九	一二　一四	
大映	こんな別嬪見たことない	一二　九	一二　一四	
東宝	芸者小夏	一二　一二	一二　一四	
大映	落花の門	一二　一四	一二　一六	
松竹	伊豆の踊子	一二　一四	一二　一六	
松竹	丸ビル乙女	一二　一四	一二　一六	
東映	南国太平記	一二　一四	一二　一八	

a—2

大映	金色夜叉	一二一八	一二二一	
松竹	女の園 阿部知二作「人工庭園」より	一二二一	一二二三	
東映	花と龍 第一部	一二二二	一二二三	
東映	花と龍 第二部	一二二二	一二二三	
俳優座	勲章	一二二三	一二二五	
大映	妻恋黒田節	一二二六	一二二九	

a—3

◎新作品……………二八

シナリオ数…………二八

内訳＝

松竹	七	東宝	二	大映	六
新東宝	三	東映	四	京映プロ 現代俳優協会	一
東京映画	一	新芸術プロ	一	池田プロ	一
宝塚映画	一	俳優座	一		

脚本審査概要

開化書生節　松竹

製作　市川哲夫
原作　尾崎士郎
脚本　若尾徳平
監督　芦原正

明治初年の東京を舞台に　西郷の下野に騒然たる世情を背景として　夢を求める書生達の恋愛と友情を描く

シーン１

「吾が新政府の未だととのわざるに乗じて　ロシヤ帝国は虎視たんたん北辺を窺い韓国は事々に圧迫を加え更に清国とは台湾問題についての紛争が絶えない　云々」の演説及び征韓論に関する台詞は現在の国際感情を考慮の上　もう少し穏かなものに改訂していただきたいと希望した　（国家及社会　三）

慶安水滸傳　松竹

製作　岸本吟一
原作　村上元三
脚本　鈴木兵吾
監督　野村芳太郎

由井正雪の乱を背景にその渦中に活躍する人々と彼等をめぐる女性達の苦悩と恋愛
肉親愛を描く

希望事項なし

伊都子とその母　東宝

製作　田中友幸
原作　由起しげ子
脚本　井手俊郎
監督　丸山誠治

婚期の娘と義理ある母の微妙な心理と情愛の綾を描く

希望事項なし

※　※　※

a—6

花と波濤

新東宝

製作　高木次郎
　　　金田良平
原作　井上靖
脚本　池田忠雄
監督　松林宗恵

始めて社会に出た女性が複雑な経験を通して生長して行く姿を中心に現代の恋愛の種々相を描く

希望事項なし

鯉名の銀平

新東宝
創元プロ

製作　野坂和馬
企画　酒井知信
原作　長谷川伸
脚本　八尋不二
監督　森一生

昔なじみの土地に来た旅鳥がかつて恋仇であった友達とその女房になっている昔の恋人を自分を犠牲にして救う物語

希望事項なし

雪の夜の決闘	大映

企画　浅井昭三郎
脚本　衣笠貞之助
〃　若尾徳平
監督　衣笠貞之助

尋ねる女房が昔の友達と夫婦になり悪親分に苦しめられているのを知った島帰りの男が悪を懲して二人を救う物語

希望事項なし

唐人お吉	京映プロ 現代俳優協会

製作　牧本西二
〃　曽根千晴
脚本　依田義賢
〃　若尾徳平
監督　若杉光夫

幕末外交の犠牲者下田のお吉の悲劇

1. ヒュースケン、ハリスに対する演出は歴史上の人物故なるべく注意してなされたいこと

a―8

（ハリスが日本側の遅延策を怒って火鉢を投げる件　ヒュウスケンが　お栄等にたわむれる件など）　（国家及社会　２．３）

2. シーン１の下田の子供の台詞（あっ　毛唐人だ）の「毛」はとってもらうこと　（国家及社会　３）

3. シーン42（ラシャメン心得のこと）はこのましくない　この條　史実にありとの作者側の申出なれど　たってこの件をいれるならば朗読のみの模様なれば（妊娠）を　身体に変調といったような表現にしてみることが考えられよう　（ケイスイ相滞り）は朗読でははっきりわからないだろうからと考えこのまゝとしてもよい　いずれにしても　もともとこの件は　かくしてほしい件であるので　それをよくくんで訂正して欲しい
（風俗　１）

このシナリオは第一稿と第二稿（中間報告としては　その間にいまひとつ脚本が出ているが）とによって　以上のごとく審査をした

春の若草	松竹

製作　山口松三郎
脚本　沢村勉
監督　原研吉

a−9

柔道によって結ばれた青年達の友情と恋愛を汚濁世相を背景に描くメロドラマ

篇中には別に問題はないが　たゞこの中に出る会社名がたとえ架空にもせよ　太洋貿易光和証券などの社名は　これが実在するだけに劇の中では不正を行う社名になっているので　他の実在と紛らわしからざるものに代えてほしいとおもう　他に東京製鋼というのか出るが　これは実在しても何ら誹謗にならない用いかたであるのでいゝとおもう　（国家及社会　2）

よい婿どの

東京映画

製作　加藤譲
原作　源氏鶏太
脚本　井口千鶴子
監督　田尻繁

美しいオフィスガールと青年達の若い世代の結婚観を追って展開するユーモラスな恋愛劇

篇中にあるストリップ舞台の描写、および料亭での（浅い川）の踊りは　演出上注意して

ほしい旨を希望した（風俗２）

旗本退屈男 どくろ屋敷	東映

企画　西原孝
〃　大森康正
原作　佐々木味津三
脚本　中山文夫
監督　松田定次

相次ぐ江戸の婦女誘拐事件探索に乗出した旗本退屈男が　天刑病の大名をめぐる海賊一味の陰謀を暴く物語

希望事項なし

股旅しぐれ	松竹

脚本　中山隆三
監督　小林桂三郎

a－11

ふとした行がかりから不幸な一家を非道な博徒の手から救う旅鳥の物語

希望事項なし

ひよどり草紙

新芸術プロダクション

製作　福島通人
原作　吉川英治
脚本　八住利雄
監督　内出好吉

親の命を救うために逃げた名鳥の行方を追う相愛の男女をめぐる正邪の葛藤を描く

希望事項なし

若夫婦は朝寝坊

池田プロダクション

脚本　川路一郎
監督　小田基義

a—12

朝寝坊な二組の若夫婦とその新世帯を見にアメリカから来た金持のお祖母さんの描くユーモラスな物語

寝室描写　及び浴場の裸体　男女の抱擁等は従来の型式を限度として演出上十分注意されたいことを望む　（風俗　2）

鞍馬天狗斬り込む	宝塚映画

原作　大仏次郎
脚本
監督　安達伸生

上野の戦争を背景に怪盗まさかり組を掃滅する鞍馬天狗の活躍を描く

（S～L60）丁字屋敷における銀蔵が杉作を鞭で責めるシーンは過度に残酷にならぬよう演出上の注意を希望した　（残酷　4）

a―13

月夜櫻

新東宝

製作　金田良平
〃　松本常保
原作　山岡荘八
脚本　成沢昌茂
監督　冬島泰三

大名のお家騒動に絡んで暗躍する異偽二人の鼠小僧の物語

(1) シーン13の裸女の踊
(2) シーン32　夏姫がしどけなく秘画を見ているくだり
(3) シーン46　白髭の老中が若い側女と寝ている場面
(4) シーン62　吉三郎がお香代を殴る　蹴る　お香代の帯がとけて白い肌がむき出されると
ころ
(5) シーン75　吉三郎が菊乃にうちかけをひっかぶせて　その尻を蹴る動作
以上何れも卑猥にわたらぬよう演出上の配慮を希望　成可くは他の表現手段に代えられる
ことを希望した　（風俗　1・2）
(6) シーン56　吉三郎の台詞「お香代はな　俺が手込めにしてやった」と云う台詞は　こ
の場合不穏当と思われるので　もっと別の抽象的な言葉に変更を希望した　（風俗　1）
(7) シーン93　弥兵エがお近を抜打に殺すところ　残酷陰惨な感じを出さぬよう演出上配慮

されるよう希望（残酷）

心の日月
大映

企画　岡田熱

原作　菊池寛

脚本　木村恵吾・田辺朝二

監督　木村恵吾

待合せの場所の行き違いから別れ別れの道を辿った恋人同志がその場所で再び結ばれるまでの運命行路を描くメロドラマ

希望事項なし

こんな別嬪見たことない
大映

企画　黒岩健而

脚本　笠原良三

監督　西村元男

a－15

「こんな別嬪見たことない」を主題歌とする花柳界三人姉妹のロマンス

希望事項なし

芸者小夏	東宝

製作　佐藤一郎
原作　舟橋聖一
脚本　梅田晴夫
監督　杉江敏男

若い芸者の生い立ちを中心に花街の女性の宿命を描く

脚色の方法が大変極どいところをうまくさけ　真面目な態度でなされてある点　心配されるところは少ないが　二度描写される共同湯（温泉町）の女湯での描写は要領よく描いて欲しい　これは従来の形式を限度とされたい　（風俗　２）

小夏と久保先生が料亭にゆくところ　女中が隣室に寝床の用意を終ったところ（これは直接描写をなるべくさけること）の台詞（お仕度ができました）は　あまり具体的な聯想をさそうので　たとえば（どうぞごゆっくり）とかの程度に間接的にしてほしい　（風俗　二）

a－16

小夏が檀那の楠見に云う台詞（S74）（あんなこと）　楠見が小夏に云う（面倒くさがり）はともに性的交渉にふれるので　これもぼかして（そうでもなかった）といったほどにとどめてほしい（風俗　1）

問題は　S81の終り　楠見が妾宅に来て寝ることを意味する（早くしなさい）とあるのをやめて　小夏が暗黙のうちに楠見の意向を察し納得する（表に台詞などで表現せず）ような型でもっていってほしい（風俗　1）

以上のごとき希望をのべ　製作者側になお具体的に案あらば相談の上決定したいことを約束した

落花の門	大映

企画　塚口一雄
脚本　須崎勝弥
潤色　谷屋充
監督　仲木繁夫

明治末期の東京を舞台に密輸団一味の悪業を懲す若い柔道家の活躍を描く

希望事項なし

2—17

伊豆の踊子

松竹

製作　山本武
原作　川端康成
脚本　伏見晁
監督

大正末期の伊豆の街道を舞台に旅の踊子と高校生の抒情的な恋を描く

希望事項なし

丸ビル乙女

松竹

製作　長島豊次郎
原作　源氏鶏太
脚本　池田忠雄
監督　萩山輝男

丸ビルに勤めるサラリーガール三人の結婚観と恋愛を描く

希望事項なし

a—18

南国太平記　東映

企画　玉木潤一郎
〃　柳川武夫
原作　直木三十五
脚本　高岩肇
監督　渡辺邦男

幕末藩侯の愛妾の陰謀によって起った島津家のお家騒動物語

希望事項なし

金色夜叉　大映

製作　永田雅一
企画　根岸省三
脚本
監督　島耕二

恋に破れ黄金の鬼と化した若人の悲劇

希望事項なし

a−19

女の園

阿部知二作「人工庭園」より

松竹

製作　山本武
原作　阿部知二
脚本　木下恵介
監督　木下恵介

封建的な或る女子大学を舞台に因習と束縛に抗する若い女性達の姿を一学生の悲劇を中心に描く

希望事項なし

花と龍　第一部　第二部

東映

企画　マキノ光雄
　　　栄田清一郎
　　　兼松康吉
原作　火野葦平
脚本　池田忠雄
　　　橋本忍
監督　佐伯清

明治末期から大正にかけての　九州の沖仲仕の世界に　夢と情熱をもって社会正義を
貫こうとした沖仲仕夫婦の数奇な半生を描く

1. 刺青の露出は誇示的の感じにならぬよう演出上の注意を希望した　（風俗　2）
2. バクチ場の描写は出来るだけ簡略にされたいと希望した　（法律　1）
3. 実在の名　会社名等については　物語の内容上当事者に影響を及ぼさぬよう然るべくその諒解を得られるように希望した　（国家及社会　1）

勲章	俳優座

製作　劇団俳優座
企画　佐藤正之
脚本　橋本忍
〃　内村直也
〃　渋谷実
監督　渋谷実

再軍備の夢に踊らされた元将軍と彼を取りまく人々の織りなす悲喜劇

シーン125　憲治が浪子を殴るところ　変態性慾的表現にならぬよう演出注意希望（性　3）

a−21

（この脚本は前に未完稿のものを内審した　その結果に基いて訂正されたのが　ここに提出されたものである）

妻恋黒田節
大映

企画　浅井昭三郎
脚本　大塚稔
監督　荒井良平

非業に死んだ主人の為に情けを受けた仲間が悪人を懲す物語

希望事項なし

a―22

審査集計

	規程條項	関係脚本題名及希望個所数		集計
1	国家及社会	「開化書生節」	1	5
		「唐人お吉」	2	
		「春の若草」	1	
		「花と龍」	1	
2	法律	「花と龍」	1	1
3	宗教	希望事項なし		0
4	教育	希望事項なし		0

6—1

5	風俗	「唐人お吉」	1
		「よい婿どの」	1
		「若夫婦は朝寝坊」	1
		「月夜桜」	6
		「芸者小夏」	4
		「花と龍」	1
		計	14
6	性	「勲章」	1
		計	1
7	残酷醜汚	「鞍馬天狗斬り込む」	1
		「月夜桜」	1
		計	2

希望事項総数……二三

4－2

審査映画一覧

○劇映画

審査番号	題名	会社名	巻数	呎数	製作	企画	原作	脚本	演出	主演
一一九九	青春三羽烏	松竹	一〇	八、五五九	小倉武志		佐々木邦	光畑碩郎 野村芳太郎	野村芳太郎	高橋貞二 紙京子
一二〇四	朝霧	〃	一〇	八、五一〇	長島豊次郎		富田常雄	中山隆三	佐々木啓祐	宮城千賀子 幾野道子
一一九五	お嬢さん社長	〃	一〇	八、三八四		福島通人		富田義朗 柳沢類寿	川島雄三	美空ひばり 坂本武
一二二二	新婚天気図	〃	四	三、六五五	大町龍夫		源氏鶏太	津路嘉郎	穂積利昌	大坂志郎 草間百合子
一二二三	股旅しぐれ	〃	五	三、六〇六	大谷浩通			中山隆三	小林桂三郎	若杉英二 榎本美佐江
一一九一	蛮から社員	〃	九	八、三六〇	山本武		林二九太	椎名利夫	堀内真直	鶴田浩二 淡島千景

6—3

一二一二	お役者変化	松竹	一〇	八、九一七	小倉浩一郎		村上元三	加田三七	大曾根辰夫	高田浩吉 誠京子
一一九三	家族会議	〃	一二	一〇、五七一	山口松三郎		横光利一	池田忠雄	中村登	高橋貞二 岸恵子
一二三九	ひよどり草紙	〃			福島通人		吉川英治	八住利雄	内出好吉	美空ひばり 中村錦之助
一一五七	次郎長三国志 第六部 旅がらす次郎長一家	東宝	一二	九、三三〇	本木荘二郎		村上元三	松浦健郎	マキノ雅弘	小堀明男 河津清三郎
一一九二	女心はひと筋に	〃	一〇	七、九四一	佐藤一郎			八田尚之	杉江敏男	池部良 越路吹雪
一二一一	この恋五十万円	〃	一〇	七、五六八	山本紫朗		有田一夫	八住利雄	佐伯幸三	伴淳三郎 トニー・谷
一一九四	次郎長三国志 第七部 初祝清水港	〃	一〇	七、八六五	本木荘二郎		村上元三	松浦健郎	マキノ雅弘	小堀明男 河津清三郎
一一八〇	にっぽん製	大映	一一	八、九四〇		土井逸雄	三島由紀夫	菊島隆三	島耕二	上原謙 山本富士子
一二〇一	十代の誘惑	〃	一〇	八、〇四〇		土井逸雄		須崎勝弥	久松静児	若尾文子 山本富士子

ヒ一4

一二〇四	母の湖	〃	一〇	七、九一五		中代富士男	萩原四朗	笠原良三	小石栄一	三益愛子 沢村美智子
一二〇八	怪盗まだら蜘蛛	〃	九	七、七七三		高桑義生	陣出達朗	民門敏雄	安田公義	黒川弥太郎 坂東好太郎
一二一四	花の三度笠	〃	八	七、二二〇		高桑義生	子母沢寛	犬塚稔	田坂勝彦	長谷川一夫 山根寿子
一二四四	こんな別嬪見たことない	〃	五	四、一九〇		黒岩健而		笠原良三	西村元男	船越英二 南田洋子
一一八二	恋文	新東宝	一一	八、八〇八	永島一朗		丹羽文雄	木下恵介	田中絹代	森雅之 久我美子
一二一三	娘十六ジャズ祭	〃	一〇	八、四七九	杉原貞雄			赤坂長義 京中太郎	井上梅次	雪村いづみ 片山明彦
一二二七	天保六花撰 やくざ狼	〃	九	八、五〇三	竹中義弘		小国英雄	萩原遼 加藤泰	萩原遼	嵐寛寿郎 岡譲二
一二二六	初笑い寛永御前試合	〃	九	八、〇八五	杉原貞雄			八住利雄	斎藤寅次郎	花菱アチャコ 横山エンタツ
一一六七	叛乱	〃	一四	一〇、七九三	安達英三郎		立野信之	菊島隆三	佐分利信 阿部豊	藤田進 菅佐原英一

6—5

一一八三	母系図	東映	一〇	八、三一六		金平軍之助		館岡謙之助	伊賀山正徳	折原啓子 石井一雄
一二〇七	忠治旅日記 喧嘩太鼓	〃	七	六、一七四		玉木潤一郎	行友李風	高岩肇	松田定次	片岡千恵蔵 三浦光子
一二一〇	べらんめえ獅子	〃	八	六、六三四		大森康正	武 昌幸	八尋不二	渡辺邦男	市川右太衛門 花柳小菊
一一六九	この太陽	〃	一三	一一、四五五		星野和平 平井与 加藤道	牧逸馬	小川正	小杉勇	若原雅夫 角梨枝子
一二二四	曲馬団の魔王	〃	九	七、五七九		玉木潤一郎		比佐芳武	佐々木康	片岡千恵蔵 轟夕起子
一二一六	眞田十勇士	〃	一四	八、九九三		大森康正		村松道平 結束信二	河野寿一	大友柳太朗 喜多川千鶴
一二四七	南國太平記	〃	九	八、一四五		柳川武夫 玉木潤一郎	直木三十五	高岩肇	渡辺邦男	片岡千恵蔵 木暮実千代
一二三七	旗本退屈男 どくろ屋敷	〃	九	七、四七六		西原孝 大森康正	佐々木味津三	中山文夫	松田定次	市川右太衛門 宮城千賀子
一二一七	続々々魚河岸の石松 大阪罷り通る	〃	九	七、七〇四		三上訓利	宮本幹也	笠原良三	小石栄一	河津清三郎 折原啓子

ヒ－6

二〇二	唐人お吉	現代俳優協会 京映プロ			松本酉三 曽根千晴			依田義賢	若杉光夫	山田五十鈴 菰田研二
一二〇三	ジャズスター誕生	井上プロ	六	五、一四九	井上正之	井上正之		志村敏夫 池上金男	西村元男	谷ゆり 沢村三千子
一二二九	第二の接吻	滝村プロ	一〇	八、〇五八	滝村和男		菊池寛	成沢昌茂	清水宏 長谷部慶治	高峰秀子 池部良
一二四〇	若夫婦は朝寝坊	池田プロ	六	五、〇一七				川路一郎 松浦健郎	小田基義	広瀬嘉子 三條雅子
一二四一	鞍馬天狗斬り込む	宝塚映画					大仏次郎	安達伸生	安達伸生	嵐寛寿郎 新井三代
一一五一	日の果て	八木プロ 青年俳優クラブ			本田延三郎 八木保太郎		梅崎春生	斎藤良輔 八木保太郎	山本薩夫	鶴田浩二 島崎雪子

○予告篇

一一九五―T	お嬢さん社長	松竹
一一九一―T	蛍から社員	〃

6―7

一一九三ーT	家族会議	松竹	
一二一二ーT	お役者変化	〃	
一一五七ーT	次郎長三国志第六部 旅がらす次郎長一家	東宝	
一一九四ーT	〃 初祝い清水港	〃	
一二九二ーTー一	東宝スクリーン・ニュース	〃	女心はひと筋に 山の音 鞍馬天狗斬り込む 第二の接吻 初祝い清水港
一二一一ーT	この恋五千万円	〃	
一一九三ーTー二	女心はひと筋に	〃	
一一九八ーT	山の音	〃	
一二〇四ーT	大映ニュース 第二九四号	大映	母の湖
一一〇一ーT	〃 第二九五号	〃	十代の誘惑
一一九六ーT	〃 第二九六号	〃	怪猫有馬御殿
一二一四ーT	〃 第二九七号	〃	花の三度笠
一一七一ーT	〃 第二九八号	〃	心臓破りの丘

α — 8

一二四四－T	〃 第二九九号	〃	こんな別嬪見たことない
一二四三－T	〃 第三〇〇号	〃	心の日月
一二〇八－T	〃 第三〇一号	〃	怪盗まだら蜘蛛
二六七－T－二	叛乱	新東宝	第二報
二六七－T－三	仝	〃	第三報
一一八二－T	恋文	〃	
一二二七－T	天保六花撰 やくざ狼	〃	
一二一三－T	娘十六ジャズ祭り	〃	
一二二六－T	初笑い 寛永御前試合	〃	
一一八三－T	母系図	東映	
一一八四－T	愛染道中 男の血祭	〃	
一一五三－T	日輪	〃	
一二〇七－T	忠治旅日記 喧嘩太鼓	〃	

ロ－9

一三二四―T	東映東京特報	東映			曲馬団の魔王　続々々黄河岸の石松　この太陽　虎と龍
一三一七―T	続々篇黄河岸の石松　大阪罷り通る	〃			
一二六九―T	この太陽	〃			
一三二四―T	曲馬団の魔王	〃			
一三一六―T	真田十勇士	〃			
一三三七―T	旗本退屈男　どくろ屋敷	〃			
一二四七―T	南国太平記	〃			
一三二九―T	第二の接吻	滝村プロ			
一二〇二―T	唐人お吉	現代俳優プロ　京映プロ			
○併映短篇					
E―八一六	神奈川ニュース No.68	神奈川ニュース映協	一		
E―八〇九	私は乙女とともに	日映新	一		郡是紡績株式会社
E―八一五	ぼくらの翼 ―立ち上る日本の航空―	自然科学映画	二	一、五〇〇	

E－八二〇	生れかわる客車	内外映画			
E－八一二	道政トピックス No.11	北日本映画	一		
E－八〇二	名作童謡舞踊集 第一部 第二部	テレビ映画	二	一、一六〇	
E－八二四	ひばりの春は歌から	松竹			
E－八〇八	白井物語 最少の力で最大の効果を	プレミア	六		
E－八二七	美わしの唐津	新光映画	一	八九〇	
E－八二五	神奈川ニュース No.69	神奈川ニュース映協	一		
E－八〇一	稲－4Hクラブの活動を中心に	東光映画	三		
E 八二九	しごととお金	神奈川県	一	九〇〇	
E 八三三	芸能ニュース No.1 演劇篇 花の素顔	日進映画 土曜プロ	二	一、六〇〇	
E 八三四	産業ニュース No.3	〃	一	六〇〇	
E 八一四	沖縄舞踊集	テレビ映画	一		
E 七八五	この子らに光を	茨城県			

E-八三一	アジャパー氏夢の国へ	新東宝	
○スポーツ・ニュース			
P-二八九	ムービータイムズ第二八九号	プレミア	
P-二九〇	〃 第二九〇号	〃	
P-二九一	〃 第二九一号	〃	
P-二九二	〃 第二九二号	〃	
P-二九三	〃 第二九三号	〃	

a—12

○完成映画数……………………………………三九本

内訳＝松竹　九　東宝　四　大映　六
　　　新東宝　五　東映　九　その他　六

○それらの予告篇……………………………………三七本

内訳＝松竹　四　東宝　六　大映　八
　　　新東宝　六　東映　一一　その他　二

○併映短篇映画……………………………………一七本

○スポーツ・ニュース……………………………………五本

○映画カット希望件数……………………………………三件

ℓ―13

映画審査概要

○朝霧　　松竹

台詞のなかで〈シベリヤ〉から帰ってきたとある　その抑留地名をかくしてもらうことにした

○叛乱　　新東宝

石田とやす子の夫婦関係に関しての山口と石田との対話に風俗上の点でいささか難点ありとして脚本審査の際に台詞の改訂を希望しておいたのであるが　この希望事項は担当審査員の不注意により　一応脚本審査の終了した後に追加されたものであったので　製作者側に十分に徹底しておらず　製作者側も十分の改訂を行っていなかった　しかし　十分注意して演出されたので完成映画に於いては風俗上の点ではそのままでも難点と感じられなかった

○唐人お吉　　　　　　　　　　　　　　　　　現代作優協会
　　　　　　　　　　　　　　　　　　　　　京映プロ

「らしやめん心得」と云うのが　画と同時に朗読されることになっていたが　この第一項は如何なものかと思われるので訂正を希望　なるべくなら止めて欲しい旨を伝えてあったが　その書面もたゞ「心得」となり　かつ文句は訂正されて人物（お吉）にかぶって朗読されるように訂正されてあったのでこれを認めることとした

○若夫婦は朝寝坊　　　　　　　　　　　　　池田プロ

風呂場で硝子障子を通して若妻の裸体（上半身）が見える個所　もっとボンヤリ見せるよう修正を希望し実行された

○アジャパー氏夢の国へ行く　　　　　　　　新東宝

ストリップショウの場面　風俗上好ましからず別紙の如く削除を希望し実行された

8―15

宣伝広告審査概要

◎ 審査終了した宣材料

スチール……………………一、二九四枚
プレス……………………四八枚
ポスター……………………七四枚
撮影所通信其の他……………五〇枚

○ 今宵ひと夜を　宝塚映画

本映画のスチール57は　寝室にて抱擁する男女の姿態が風俗上挑発的なので使用中止方を希望した

各社封切一覧

封切月日	審査番号	題名	製作会社	備考
○松竹				
十二月八日	一一九九	青春三羽烏	松竹	
十二月十五日	一二〇四	朝霧	〃	
十二月二十二日	一一八七	勢揃ひ大江戸六人衆	〃	
○東宝				
十二月一日	一一七九	忍術罷り通る	東京映画	
十二月八日	一一〇四	赤線基地	東宝	
十二月十五日	一一五七	旅がらす次郎長一家	〃	
○大映				
十二月二十二日	S－一七七	忠臣蔵	日活	

ε－17

十二月一日	一一九〇	銭形平次捕物控 金色の狼	大映
十二月八日	一一八〇	にっぽん製	〃
十二月十五日	一二〇四	母の湖	〃
○新東宝			
十一月二十九日	一一七五	純情社員	南旺映画 新東宝
十二月八日	一一八九	若さま侍捕物帖 恐怖の折り鶴	新東宝
十二月十三日	一一八二	恋文	〃
十二月二十二日	一二二七	天保六花撰 やくざ狼	〃
○東映			
十一月二十九日	一一七三	快傑黒頭巾	東映
十二月八日	一一八三	母系図	〃
十二月十五日	一〇二五	逆襲鞍馬天狗	〃

e—18

審査記録索引（四十八号―五十三号）

題名	脚本 号	脚本 頁	改訂版 号	改訂版 頁	映画 号	映画 頁	宣伝 号	宣伝 頁
◎松竹								
旅路	48	a―9						
妻の喜び	48	a―14						
弁天横丁	48	b―1						
東京物語	48	b―1						
女の一生	48	b―5						
若旦那の縁談	48	b―5						
次郎吉娘	48	b―7			49	c―12		
悲しき瞳（抒情家族の改題）	48	b―7						
金ぴら先生とお嬢さん	48	b―8						
ぶらりひょうたん しみ抜き人生	48	b―9						
君の名は 第一部	49	a―9						
血斗利根の夕霧	49	a―9						
二十四の瞳	49	a―12						
長七郎捕物帖 若君逆襲す	49	b―1						
乙女のめざめ	49	a―2			50	c―11	50	c―14
鞍馬天狗青面夜叉	49	b―8						
東京マダムと大阪夫人	50	a―8						
次郎長一家罷り通る（新芸術プロ）	50	a―8						
山を守る兄弟	50	b―1						

c―1

花の生涯	50	b-5		
沖縄健児隊	50	b-6	51 c-14	51 c-16
壁あつき部屋（新鋭プロ）	51	b-1		
とのさま街道	51	b-3		
君の名は第二部	51	b-13		
家族あわせ	52	a-7		
荒川の佐吉 遊侠夫婦笠	52	a-8		
あっぱれ一心太助	52	a-9		
朝霧	52	b-4		
勢揃い大江戸大人衆	52	b-10		
蛮から社員	52	b-12		
家族会議	52	b-15		
青春三羽烏	52	b-16		

お嬢さん社長	53	b-17		
お役者変化	53	b-4		
めでたい風景	53	b-14		
◎東宝				
白魚	48	a-9		
亭主の祭典	48	b-2		
サラリーマン物語	48	b-6		
幸福さん	48	b-10		
青春銭形平次	49	a-6		
赤線基地	49	b-2	51 c-16	
太平洋の鷲	49	b-13	50 b-11	52 c-14
次郎長三国志第五部 殴り込み甲州路	50	b-15		
誘蛾燈	50	b-15		

c-2

愛人	51	b−4		
次郎長三国志第六部 旅がらす次郎長一家	51	b−5		
お祭り半次郎	52	a−9		
さらばラバウル（ラバウル航空隊の改題）	52	b−9		
女心はひと筋に	52	b−13		
次郎長三国志第七部 初祝い清水港	52	b−13		
山の音	52	b−16		
この恋五千万円	53	b−2		
坊っちゃん社員	53	b−7		
◎大決				
あにいもうと	48	a−11		
雁	48	a−13	50	c−11
花の喧嘩状	48	b−3	49	c−13

新江の島悲歌	48	b−6		
金色夜叉	48	b−8		
春雪の門	49	b−1		
怪談佐賀屋敷	49	b−4		
続々十代の性典	49	b−9	51	c−12
地獄門	49	b−11		
砂絵呪縛	49	b−12		
地の果てまで	50	a−5		
浅草物語	50	a−5	51	c−12
近世名勝負物語 血斗	50	b−8		
流砂絵呪縛 雪女郎	50	b−10		
黒帯嵐	50	b−16		
魔剣	51	a−5		

c − 3

◎新東宝						
無法者	51	a—[illegible]				
紅燈	51	b—10				
心臓破りの丘	51	b—15				
にっぽん製	52	b—3				
銭形平次捕物帖 金色の狼	52	b—11				
怪猫有馬御殿	52	b—14				
十代の誘惑	52	b—18				
母の湖	53	a—7				
怪盗まだら蜘蛛	53	a—10				
花の三度笠	53	b—5				
山椒大夫	53	b—8				
或る女	53	b—8				
白鳥の騎士	48	a—[illegible]				
野戦看護婦	48	a—7	48	a—8		
名探偵アジャパー氏	48	a—12				
腕くらべ千両役者	48	b—10				
南十字星は偽らず	48	b—11	50	c—12		
明日はどっちだ	49	a—5				
鞍馬天狗と勝海舟	49	a—6				
わが恋はリラの木蔭に	49	b—8				
さすらいの湖畔	49	b—4				
半処女	49	b—8	50	c—11	49	c—14
若様侍捕物帖 江戸姿一番手柄	50	b—9				
青春ジャズ娘	50	a—13	51	c—13		
すっ飛び千両旅	50	b—14				

c—4

大岡政談 びっくり太平記	51	b—5	52	a—7
霧の第三桟橋	51	b—6		
一等女房と三等亭主	51	b—6		
思春の泉	51	b—9	52	c—14
叛乱	51	b—11		
恋文	52	b—5		
若様侍捕物帖 恐怖の折鶴	52	b—11		
娘十六ジャズ祭り	53	b—4		
初笑い寛永御前試合	53	b—11		
天保六花撰 やくざ坂	53	b—11		
◎東映				
大菩薩峠 第三部	48	a—12		
豪雨警報	48	b—3		

江戸の花道	48	b—4		
地雷火組	49	a—12		
焼々魚河岸の石松	49	b—6	51	c—14
成熟前後	49	b—7		
青空大名	49	b—12		
「浪人横丁」より 神変あばれ笠（前篇）	50	b—3		
仝（後篇）	50	b—3		
早稲田大学	50	b—4		
ひめゆりの塔姉妹篇 健児の塔	50	b—7	51	c—14
戦場慰安婦	51	a—6		
風雲八万騎	51	a—8	52	c—15
日輪	51	b—4		
危し鞍馬天狗	51	b—10	52	c—15

c—5

この太陽	51	b−13				
魅せられたる魂	51	b−14			53	c−13
鬼伏せ街道	51	b−16				
怪傑黒頭巾	52	a−8				
憧れの星座	52	b−6				
母系図	52	b−6				
愛染道中 男の血祭	52	b−7	53	a−8	53	c−13
放浪記	52	b−14			53	a−8
逆襲 鞍馬天狗	53	a−7				
忠治旅日記 喧嘩太鼓	53	a−9				
べらんめえ獅子	53	b−2				
眞田十勇士	53	b−6				
続々魚河岸の石松 大阪罷り通る	53	b−7				

曲馬団の魔王	53	b−11				
◎その他						
坊っちゃん（東京映画）	48	a−16				
花火の舞（花の舞踊の改題）（ジャパン映画）	48	b−2				
夜明け前（近代映協 劇団民芸）	48	b−9				
広場の孤独（星野プロ）	48	b−11				
薔薇と拳銃（新生プロ）	49	a−7	50	b−13	51	b−13
人生読本花嫁の性典（滝村プロ）	49	a−10				
女の一生（近代映協 新東宝）	49	a−11			53	c−14
かっぱ六銃士（宝塚映画）	49	b−5	50	a−6		
にごりえ（文学座 新世紀映画）	49	b−10				
秘めたる母（新映）	49	b−11				
地獄の花（太洋映画）	50	a−7				

c − 6

夕立勘五郎（東京映画）	50	b—1		
喧嘩鳶龍（宝塚映画）	50	b—2	51	c—15
赤い自転車（第一映画 全逓従業員組合）	50	b—8	52	c—15
北海の虎（東京映画）	51	b—7		
日の果て（八木プロ 青年俳優クラブ）	51	b—7		
メッカ殺人事件（電通DFプロ）	51	b—12		
鉄腕涙あり（宝塚映画）	52	a—10		
青い青春（蟬プロ）	52	b—1		
もしも忍術使えたら（東京映画）	52	b—2		
女の谷（映画創作協団）	52	a—3		
燃える上海（現代ぷろ）	52	b—8		
今宵ひと夜を（宝塚映画）	52	b—10	53	c—15
純情社員（サラリーマンはお人好しの改題）（南旺映画）	52	b—12		

今様お蝶夫人（東芸映画プロ）	52	b—17		
愛をもとめて（創映プロ）	53	b—1		
海境線の人々（シネ・アートプロ）	53	b—3		
奈良（春秋プロ）	53	b—5		
ジャズスター誕生（井上プロ）	53	b—9		
今宵誓いぬ（マキノプロ）	53	b—10		
第二の接吻（滝村プロ）	53	b—12		
若い瞳（宝塚映画）	53	b—13		
ママの日記（東京映画）	53	b—14		
処女の性教室（ラジオ映画）			49	c—13
赤線区域（協立映画）			50 / 51 50	c—13 / c—16 c—15
聯合艦隊を偲ぶ（記録映画保存会）			50	c—13

c—7

メリッド・5 深夜の弾痕（ユナイッドテレビ映画）					51	C—15		
南伊豆の磯釣り（プレミア映画）					52	C—17		
ムービータイムズ第二八〇号（プレミア映画）					52	C—17		

基地の子たち（東京キノプロ）	53				53	C—15		
赤線地帯（朝日映画）	53				53	C—15		
忠臣蔵（日活）	53				53	C—16		

映画倫理規程審査記録第五四号

昭和二十九年一月十日発行

発行責任者 池田義信

東京都中央区築地三ノ六

映画倫理規程管理部事務局

電話築地(55) 二八〇二 〇六九六番

映画倫理規程審査記録

第55号

※収録した資料は国立国会図書館の許諾を得て、デジタルデータから復刻したものである。
資料への書き込み、破損・文字の掠れ・誤字等は原本通りである。

55

映画倫理規程

審査記録

[illegible]～29.1.31

国立国会
29.2.23
図書館

映画倫理規程管理委員会

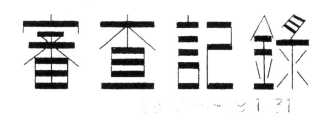

目次

審査脚本一覧

社名	題名	受付日	審査終了日	備考
大映	四人の母	一二、二九	一、六	
大映	美しき鷹	一、五	一、六	
東映	近世名勝負物語 侠客水滸傳	一、五	一、七	
新理研	魔窟	一、五	一、九	
松竹	「草靑みたり」 陽のあたる家	一二、二三	一、一一	
東映	殴り込み二十八人衆	一、四	一、一三	
東宝	皇女和の宮	一、一一	一、一三	
大映	お菊と播磨	一、一一	一、一三	
松竹	若き日の誘惑	一、一二	一、一三	「春の誘惑」の改題
新東宝	富田常雄作「若草」より 君ゆえに	一、一二	一、一三	

東映	松竹	松竹	松竹	松竹	東映	明星プロ	新東京プロ	東映	新東宝	新東宝	大映
謎の黄金島	風雨強かるべし	風来坊	真実一路	濡れ髪権八	續南國太平記 薩南の嵐	日蓮聖人	狙われた裸像	水戸黄門漫遊記	春色お傳の方 江戸城炎上	花菱 腰拔け千一夜	五ッ木の子守唄
一・一一	一・一二	一・一大	一・一六	一・一六	一・一八	一・一九	一・五	一・一八	一・一八	一・二六	一・二五
一・二〇	一・二〇	一・二〇	一・二〇	一・二〇	一・二〇	一・二〇	一・二一	一・二五	一・二七	一・二七	一・二八

a—1

◎新作品……………………二二

シナリオ数……………………二二

内訳＝松竹　六　東宝　一　大映　四
新東宝　三　東映　五　新理研　一
明星プロ　一　新東京プロ　一

a—3

脚本審査概要

四人の母	大映

脚本　松田昌一
〃　佐伯幸三
監督　佐伯幸三

母と云う名の四人の女性がそれぞれの立場から一少年に注ぐ母性愛を描く

希望事項なし

美しき鷹	大映

製作　星野和平
脚本　小国英雄
監督　マキノ雅弘

明治末期函館港の娼店を舞台とする一船員の冒険を中心に男同志の友情と店の女達の宿命と人情を描く

殴打・殺人の場面演出上注意を希望した。（法律1の(イ)）

近世名勝負物語 秩父水滸傳	東映

企画　岩井金男
原作　村松梢風
脚本　村松道平
監督　小石栄一

明治初年秩父に於ける剣道二派の対立を背景に描く一青年剣客の修業物語

前半部の時代背景に出てくる秩父自由党の暴動については　更に批判的　否定的な観点から考慮して描いて欲しい　その為台詞などを訂正して貰うことにした（国家及社会4）

魔窟	新理研

原作　小山誠治
脚本　澤　實介
監督

麻薬のために堕落する一女性の悲劇を中心に麻薬犯罪の実態とその害毒を描く

これは麻薬のおよぼす害毒を　劇としてとり上げる批判的なテーマであるので　麻薬名など　他の劇映画では好ましくないものでも特に認めて好いと思う

(1)ここに出てくる外国人は　その国籍の如何んを問わず　なるべく如実にその国籍の分らぬように注意して演出して欲しい　台詞のなまりの特徴とか　軍服でなく平服にするとか全体にわたって考慮を願う（国家及社会3）

(2)例え裁判の為とは云え　麻薬服用のあとの恍惚状態の描写は　讃美的には描かないことこれは全体にしばしば現われる時注意して欲しい　（法律1）

(3)シーン108　110の売春描写は　間接にし　殊に同衾は一切見せないで　ナレーションでこの説明をすますなどにして欲しい（風俗2）（二ケ所）これはあとのシーン150のヨシ子を強迫するシーン描写と共に演出注意を願いたい（風俗2）

(4)シーン88　朱實の声の「淫売だって」はとって貰うこと（性　2）

(5)シーン137の金田の台詞の中の「兵隊に」は外国人にと訂正して貰うこと（国家及社会3）

(6)シーン147の朱實のナレーション「パン助さ」をとって貰うこと（性　2）など売春　外国商標などでそれぞれ訂正して貰うことになった

(7)またキャバレーのストリップ（風俗　2）シーン162の拷問（残酷醜汚　2）など　従来の如く演出上注意して貰うことにした

a—6

「草青みたり」より
陽のあたる家

松竹

製作 山口松三郎
原作 真山美保
脚本 柳井隆雄
監督 田畠恒男

都会の片隅に不幸と貧しさに負けず明るく生きる未亡人とその一家の姿を描く

希望事項なし

殴り込み二十八人衆

東映

企画 大森康正
脚本 高岩肇
〃 村松道平
〃 笠原良三
監督 荻原遼

黒駒の勝蔵を相手とする次郎長一家二十八人衆の活躍を 大瀬半五郎を中心に描く

(1) 比較的 賭場の詳細に亘ると思われる描写が出て来るか（シーン19 52 53 59）これ

等は何れも演出上十分な注意が望ましい（法律 一）

(2) 尚 全篇を通じ 過まって"やくざ"の肯定乃至讃美に終ることのないよう更に工夫たい（国家及社会 二）

皇女和の宮
東宝

製作 田中友幸
原作 川口松太郎
脚本 冊木恐・西島大
監督 丸山誠治

幕末公武合体の犠牲となつた皇女和の宮と彼の有栖川宮熾仁親王の悲恋を描く

希望事項なし

＊　＊　＊

岡本綺堂作「番町皿屋敷」より

お菊と播磨	大映

構成　川口松太郎
脚本 監督　伊藤大輔

所謂「番町皿屋敷」の物語を封建の桎梏下に於ける身分違いの男女の恋愛悲劇として描く

希望事項なし

若き日の誘惑（「春の誘惑」の改題）	松竹

製作　杉山茂樹
原作　林芙美子（「種花」より）
構成　野田高梧
脚本　橋田寿賀子
監督

父の再婚に心を傷つけられた娘が社会の現実と斗いながら自己の生きる道を切り開いてゆく姿を中心に父と子の二つの世代の相剋を描く

希望事項なし

8—1

富田常雄作「若草」より

君ゆえに

新東宝

大学のラグビー部を背景として展開する恋愛劇

製作　伊藤基彦
原作　富田常雄
脚本　館岡謙之助
監督　野村浩将

希望事項なし

謎の黄金島

東映

幕末の頃　謎の黄金島をめぐって展開した蘭学生と悪商人達の正邪の葛藤を描く

企画　柳川武夫
原作　土師清二
〃　佐々木杜太郎
〃　谷屋充
〃　城昌幸
〃　陣出達朗
〃　野村胡堂
脚本　結束信二
監督　河野寿一

希望事項なし

ターン

風雨強かるべし

松竹

製作 大町龍夫
原作 広津和郎
脚本 中村定郎
監督 岩間鶴夫

複雑な現代の世相を背景に若い学徒の友情と恋を描く

ここに出てくる（通産省）及びその官吏（課長）は　あくまでフイクシヨンとして仮構として欲しい　例えば（商工省）として　実在　モデル等を思わせないようにありたい　例え現実に通産省に汚職事件があったとしても　ここに出てくるような出かたでは　官公吏を尊重した表現とは云い難い印象を与える心配があるからである　常に実在名を使ってはいけないと云うことでは必ずしもない（国家及社会２）

風来坊

松竹

製作 高木貢一
原作 山手樹一郎
脚本 永江勇
監督 福田晴一

旅の風来坊が悪人を懲して恩義を受けた宿屋の一家を救う物語

希望事項なし

真実一路	松竹

製作　小倉武志
原作　山本有三
脚本　椎名利夫
監督　川島雄三

真実を求むるが故に悲劇的生涯を歩んだ一人の女性とそれをめぐる人々との相剋を描く

希望事項なし

濡れ髪権八	松竹

製作　杉山茂樹
〃　岸本吟一
原作　土師清二
脚本　鈴木兵吾
監督　大曽根辰夫

武道の意趣から人を討ち無頼の徒に転落自滅する白井権八の悲劇
ラスト近く　少年スリの小屋内部の印象（少年が無反省に悪をやっている印象を強めることになる心配あり）（教育２）及び権八がお富津を「許せ」と斬るところ（法律－(1)）共に演出上注意をもってやられたい

続南国太平記 薩南の嵐	東映

企画　柳川武夫
　　　玉木潤一郎
原作　直木三十五
脚本　高岩肇
監督　渡辺邦男

8－5

「南国太平記」続篇

希望事項なし

日蓮聖人

明星プロダクション

製作　宮島秀夫
企画　村馬寅雄
脚本
監督　志摩光生

日蓮上人一代記

希望事項なし

狙われた裸像

新東京プロダクション

企画　小林米吉
製作　中村政治

ストリップ劇場を根城とする密輸団一味を暴く新聞記者の活躍物語

(1) シーン3　14の舞台　及びシーン7楽屋に於けるストリッパー　乳房露出の事なきよう

注意を希望したい（風俗２）

水戸黄門漫遊記
東映

企画　玉木潤一郎
脚本　映画作家協団
監督　伊賀山正徳

水戸黄門漫遊道中の三猫話

(1) シーン４　職人「そう云うのを抱くと女の精気が移って目に見えて若返るね　御隠居なんか何よりの薬ですぜ」
光圀「だがわしは未だ女郎を買ったことがない」
以上の台詞少し下品過ぎると思う　然るべく改訂を望む（風俗１）

(2) シーン23　伝助が急所を抑えてうずくまる——は　下品な演技にならぬよう演出注意を希望する（風俗１）

(3) シーン16 野天の岩風呂のシーンは男も女も裸体露出の限度につき十分の注意を望む

(風俗 2)

(4) シーン251 光圀「黒岩 かくなる上は武士らしう割腹致せ」の台詞は封建的の態が強いと思うから然るべく改訂を希望する (国家及社会 2)

春色お伝の方 江戸城炎上
新東宝

製作	児井英生
原作	邦枝完二
構成	松浦健郎
脚本	松浦健郎
〃	清水信夫
監督	阿部豊

八代将軍の二人の側室の暗斗に絡まる大奥の陰謀事件を描く

本篇は題材そのものがややもすれば従来の水準を超えた情痴的効果を醸しだすおそれが認められるので 製作に当っては總体的に如上の結果をもたらす事のないよう あらゆる表現に於いて十分な注意を希望したい 尚 脚本上 特に配慮をわずらわしたい個所を以下に列記する

(1) シーン12 14 33の湯殿 ぎやまん風呂は乳房露出なきよう (風俗 2)

ℓ-8

(2) シーン20 27 30及び80の寝室場面は劣情刺戟的効果をもたらさざるよう 又 出来うればその内のあるものは寝室以外の場面に変更したい（風俗2）

(3) シーン2 40 41 43には何れも堕胎を扱っているが不穏当である「不義の子を始末するのが本職」とか「この薬を飲んで一と撫で……」等の台詞は表現が直接的にすぎる 又シーン43の実施を思わす場面は絶対に改訂したい（法律6）（残酷醜汚6）

(4) シーン31 79 81 82の男女関係 描写は挑発的にわたらざるよう 又 シーン77「今夜から俺が……」の台詞も露骨に過ぎる（風俗2）（性1）

(5) シーン38の切開手術は残虐感の出ぬよう（残酷醜汚6）

(6) シーン124の長唄 おはんの絡みは異常な情痴表現に亘らぬよう 又 シーン83の覗きに類する件も変態的効果を醸さざるよう演出上 十分注意を希望したい（性3）

(7) シーン42等に見られる外人関係に於ては度を超えて外人愚弄に至らざるようにありたい（国家及社会3）

8―9

花祭底抜け十一夜	新東宝

製作 杉原貞雄
脚本 賀集院太郎
〃 西尾正紀
監督 斉藤寅次郎

八百屋の養女か少女歌手として売出された為に義母の無智から起る悲喜劇

希望事項なし

五ッ木の子守唄
大映

企画　根岸省三
脚本　笠原良三
監督　枝川弘

共にみなし子の恋人同志が運命にさまたげられながら　遂に結ばれる物語

希望事項なし

α—10

審査集計

規程條項		関係脚本題名及希望個所数		集計
1	国家及社会	「秩父水滸伝」	1	6
		「魔窟」	2	
		「殴り込み二十八人衆」	1	
		「風雨強かるべし」	1	
		「水戸黄門漫遊記」	1	
2	法律	「美しき鷹」	1	5
		「魔窟」	1	
		「殴り込み二十八人衆」	1	
		「濡れ髪権八」	1	
		「江戸城炎上」	1	

c—1

3	宗教	「希望事項なし」	0	0
4	教育	「[illegible]れ親権八」	1	1
5	風俗	「魔窟」	3	10
		「狙われた裸像」	1	
		「水戸黄門漫遊記」	3	
		「江戸城炎上」	3	
6	性	「魔窟」	2	4
		「江戸城炎上」	2	
7	残酷醜汚	「江戸城炎上」	2	2

○希望事項総数…………二八

c−2

審査映画一覧

○劇映画

審査番号	題名	会社名	巻数	呎数	製作	企画	原作	脚本	演出	主演
一二三一	慶安水滸伝	松竹	九	八、六一七	岸本吟一		村上元三	鈴木兵吾	野村芳太郎	高田浩吉 嵯峨美智子
一二二一	春の若草	〃	一一	九、五二三	山口松三郎		沢村勉	沢村勉	原研吉	月丘夢路 三橋達也
一二五〇	求婚三人娘	〃	一〇	八、四二〇	長島豊次郎		源氏鶏太	池田忠雄	萩山輝男	川喜多雄二 水原真知子
一一九八	山の音	東宝	一〇	八、五〇四	藤本真澄		川端康成	水木洋子	成瀬巳喜男	山村聡 原節子
一二三九	心の日月	大映	一〇	八、二四〇		岡田聡	菊池寛	木村恵吾 田辺朝二	木村恵吾	菅原謙二 若尾文子
一二三六	雪の夜の決斗	〃	九	八、一三〇		浅井昭三郎		衣笠貞之助 若尾徳平	衣笠貞之助	大河内伝次郎 木暮実千代

−3

一二四八	落花の門	大映	一〇	八二九五		溝口一雄		宮崎[illegible]	仲木繁夫	三田隆 沢村美智子
一二六〇	美しき鷹	〃	一〇	八二一一	星野和平			マキノ雅弘	マキノ雅弘	若原雅夫 越路吹雪
一二三五	鯉名の銀平	新東宝 創元プロ	九	七八九五	野坂和馬	酒井知信	長谷川伸	八尋不二	森一生	大谷友右衛門 乙羽信子
一二四二	鼠小僧色ざんげ 月夜桜	新東宝	九	八三七八	金田良平 松本常保		山岡荘八	成沢昌茂	冬島泰三	中山昭二 榊原啓子
一二七四	薩南国太平記 薩南の嵐	東映	一一	九三五六		柳川武夫 玉木潤一郎	直木三十五	高岩肇	渡辺邦男	片岡千恵蔵 木暮実千代
一二二五	今宵誓いぬ	マキノプロ	九	八四一四	マキノ真三 衛藤一	星野和平	大林清	松浦健郎 大星王樹	田中重雄	若原雅夫 高峰三枝子
一二五二	ママの日記	東京映画	一二	九三三八	加藤譲		水木洋子 竜野敏	北村勉 佐治乾	春原政久	木暮実千代 佐野周二
一二三九	ひよどり草紙（改訂版）	新芸術プロ	九	八二六〇	福島通人		吉川英治	八住利雄	内出好吉	美空ひばり 中村錦之助

○予告篇

一二五〇ーT	求婚三人娘	松竹		
一一八五ーT	さらばラバウル	東宝		
一二三六ーT	大映ニュース 第三〇三号	大映	ム	雪の夜の決斗
一二四八ーT	〃 第三〇二号	〃		落花の門 美しき鷹（特報）
一二六〇ーT	〃 第三〇四号	〃		美しき鷹
一二三五ーT	鯉名の銀平	新東宝		
一二四五ーT	月夜桜 鼠小僧色ざんげ	〃		
一二四七ーT	薩南の嵐 続南国太平記	東映		
一一五一ーT	日の果て	八木プロ 青年俳優クラブ		
一一八六ーT	今宵ひと夜を	宝塚映画		
一二二五ーT	今宵誓いぬ	マキノプロ		
一二三二ーT	ママの日記	東京映画		

○併映短篇

E－八四一	第二次世界大戦	新東宝	九、七六五
E－八四三	母の名は	国映プロ	六、四〇〇
E－八三九	神奈川ニュース NO 70	神奈川ニュース映協	一、八〇〇
E－八五二	〃 NO 71	〃	一、八〇〇
E－八四七	中部日本ニュース NO 1	中部日本映画	一、六五五
E－八四八	昭和二十九年初場所大相撲 前半戦	大日本相撲協会映画部	一、〇〇〇
E－八四九	〃 後半戦	〃	一、〇〇〇
E－八五三	はるかなる山の呼び声	新東宝	二、八二五
E－八二一	ニクソン米副大統領夫妻レセプション	新理研	一、四〇〇
E－八二八	油槽船NELLY建造の記録	〃	一、八五〇
E－四七六	文化をになう人々	岩波映画	二、五五〇
E－五一八	生活と人	〃	二、八三五

E-五六四	天龍川	〃	二	一、九〇五	
E-七〇七	新風土記 ——北陸——	〃	三	二、四二〇	
E-八五五	輝く富士	〃	三	二、四〇〇	
E-八五八	嫁の野良着	〃	二	一、九四四	
E-八二一	無痛分娩	大浦清三郎	二	一、四〇〇	
E-八二六	あゝ感激のこの日まで	日映	二		
E-八四〇	奈良と京都	京都映画	二	一、七〇〇	
E-七八九	皇居千代田城	千代田城製作委員会	二	一、九四七	
E-八五四	ムービー・アド 尊い命のために	電通	一	二〇〇	

○予告篇

E-八四一-T	第二次世界大戦	新東宝			

○スポーツニュース

P－二九四	ムービー・タイムズ 第二九四号	プレミア			
P－二九五	〃 第二九五号	〃			
P－二九六	〃 第二九六号	〃			
P－二九七	〃 第二九七号	〃			

○新版

S－一八〇	乱れ星荒神山	東映	八	七、一九二	製作 マキノ光雄 原作 村松梢風 脚本 村松道平 監督 荻原遼 昭和二十五年十一月製作

○完成映画数……………一四本

内訳‖松竹三　東宝一　大映四

新東宝二　東映一　その他三

○それらの予告篇……………一二本

内訳‖松竹一　東宝一　大映三

新東宝二　東映一　その他四

○併映短篇……………二一本

○スポーツ・ニュース……………四本

○映画カット希望件数……………二件

c―1

映画審査概要

○春の若草　松竹

バイヤーの国籍名をとってもらった　（映画では　ビルマのとなっていた）

○今宵誓いぬ　マキノプロ　東京プロ

女性全裸写真（インサート）はさして放恣なるものではなし　又分明を欠くものでもあるが　ともあれ全裸と判別される点が好ましくないので短縮を希望した　（風俗２）（三呎）

c—10

宣伝広告審査概要

◎　審査終了した宣伝材料

スチール……………五八五枚
プレス………………一八枚
ポスター……………一七枚
撮影所通信　其の他……………三八枚

◎　アジヤパー氏夢の国へ行く　新東宝

本映画のスチール8及び9の二枚は　ストリッパーの乳房が露出しており　風俗上挑発的なので使用中止方を希望した

c―11

各社封切一覧

封切月日	審査番号	題名	製作会社	備考
○松竹				
十二月二十九日	一一九五	お嬢さん社長	松竹	
	一二二三	股旅しぐれ	〃	
一月三日	一一九一	蛮から社員	〃	
	E-八三四	ひばりの春は唄から	〃	
一月九日	一二一二	お役者変化	〃	
	一二二二	新婚天気図	〃	
一月十五日	一一九三	家族會議	〃	
一月二十一日	一二三一	慶安水滸傳	〃	
一月二十七日	一二二一	春の若草	〃	

一月二十七日	一一五二	とのさま街道	〃
○東宝			
十二月二十九日	一一九二	女心はひと筋に	東宝
	一二四一	鞍馬天狗斬込む	宝塚映画
一月三日	一一九四	次郎長三国志第七部 初祝い清水港	東宝
	一二一一	この恋五千萬円	〃
一月九日	一二二九	第二の接吻	滝村プロ
	一二四〇	若夫婦は朝ね坊	池田プロ
一月十五日	一一九八	山の音	東宝
	E－七八九	皇居千代田城	千代田城製作委員会
一月二十一日	一二〇三	ジャズスタア誕生	井上プロ
一月二十七日	一二三二	ママの日記	東京映画
○大映			

十二月二十九日	一一〇一	十代の誘惑	大映	
	一一九六	怪猫有馬御殿	〃	
一月三日	一二一四	花の三度笠	〃	
	一二四四	こんな別嬪見たことない	〃	
一月九日	一一七一	心臓破りの丘	〃	
一月十五日	一二三九	心の日月	〃	
	一二〇八	怪盗まだら蜘蛛	〃	
一月二十七日	一二四八	落花の門	〃	
○新東宝				
十二月二十八日	一二二六	初笑い寛永御前試合	新東宝	
一月三日	一一六七	叛乱	〃	
一月九日	一二一三	娘十六ジャズ祭り	〃	
一月十五日	一二三五	鯉名の銀平	〃	

C—14

一月二十一日	一一二五	今宵誓つぬ	マキノプロ	
一月二十七日	一一四二	鼠小僧色ざんげ 月夜桜	新東宝	
○東映				
十二月二十九日	一一〇七	忠治旅日記 喧嘩太鼓	東映	
	一一一〇	べらんめえ獅子	〃	
一月三日	一一三七	旗本退屈男 どくろ屋敷	〃	
	一一二四	曲馬団の魔王	〃	
一月九日	一一六九	この太陽	〃	
一月十五日	一二四七	南国太平記	〃	
	一一一七	続々々魚河岸の石松 大阪罷り通る	〃	
一月二十一日	一一一六	真田十勇士	〃	
一月二十七日	一二〇七	愛染道中 男の血祭	〃	

一月十五日	一二〇二	唐人お吉	現代俳優協会 京映プロ

映画倫理規程審査記録第五五号

昭和二十九年二月　日発行

発行責任者　池田義信

東京都中央区築地三ノ六

映画倫理規程管理部事務局

電話築地(55)二八〇二

〇六九六番

映画倫理規程審査記録

第56号

※収録した資料は国立国会図書館の許諾を得て、デジタルデータから復刻したものである。
資料への書き込み、破損・文字の掠れ・誤字等は原本通りである。

56

映画倫理規程

審査記録

29.2.1～29.2.28

映画倫理規程管理委員会

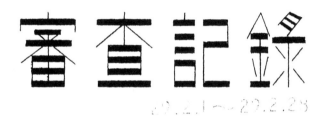

目次

管理部記事

○二月十日　本年度第一回の管理委員会が開かれ　昭和廿九年度の新管理委員が左の如く、委嘱された旨披露されました。

映画倫理規程管理委員会委員名簿

委員長	渡辺鉄蔵	
副委員長	池田義信	日本映画連合会事務局長
委員	月森仙之助	松竹映画製作本部事務局長
委員	須田鐘太	大映製作事務本部
委員	堀江史朗	東宝製作本部文芸部長
委員	林文三郎	新東宝製作本部
委員	石原春夫	東映企画本部事務局長
委員	柳井隆雄	シナリオ作家協会
委員	八木保太郎	シナリオ作家協会

委員　牛原虚彦　日本映画監督協会
委員　瀧澤英輔　日本映画監督協会
委員　石本統吉　日映科学映画製作所代表
委員　手塚栄一　日本興行組合連合会常任委員

○映倫管理委員会本年度の事業要項が左の如く決定致しました。

映画倫理規程管理委員会
昭和廿九年度事業要項

一、創設以来五ケ年に亘る審査実績を再検討し　倫理規程施行の徹底を期するための研究会を開くこと。

二、マス・コミユニケーシヨンに於ける「倫理規程」施行の実状を研究し、各分野との連絡提携を強化してこの種運動の徹底を計ること。

三、世界各国に於ける映画審査、検閲制度の実際を調査し、映倫事業の参考に資すること。

四、社会各層への映倫事業の周知徹底を強化し、業界一般の協力を求め映画倫理の確立を期すること。

五、現下の国際情勢に鑑み、映画の有する影響力を考慮してこの面に関する審査には特に慎重を期すること。

○管理委員会　本年度の発足に当り、連合会長、映倫委員長より各々左の如きメッセージが発表されました。

＊　＊　＊

日本映画連合会

会長　大川　博

戦後既に九年の日月を閲し、国家としても様々の複雑な事態に対処しながらいばらの道を切り拓いて今日一路独立国としての実質と体勢を確立するために活動を続けているわけでありますが、この困難な現実生活の中でこそ大衆の日常に憩いと潤いを与える芸術事業の意義は、愈々、益々緊要切実なものとなって来るのであります。特に映画に於てはこの意味の社会性が最高の効果を発揮し、大衆も亦これを歓迎して年々その需要が激増し、昨廿八年度に於ける日本劇映画の生産量は優に三〇〇本を突破するの盛況を見るに至りました。日本映画連合会が昭和廿四年に制定し　爾来五年間着実なる成果をあげて参りました「映画倫理規程」の効力は、かゝる映画事業の膨張拡大に対処してその意義益々深く　その徹底亦一段の努力を期せねばならぬものであります。

これによって映画全般が大衆の良心的信用と支持の下に、その生活をより明るく潤ほす日の来らんことを、年頭に於ける念願の一つとして関係各位の本年度一段の御勉励を祈り御挨拶と致します。

・・・

映画倫理規程管理委員会

委員長　渡邊　銕藏

わが国に於ける映画事業はその製作本数の数字より見てもこゝ数年来　驚異的な増加を示して居ります。それだけにこれらの大衆に及ぼす影響も亦一段の深度を加えるものと予想するに難くありません。

「映画倫理規程」の意義とその効果については、茲にいよいよその認識を深めねばならぬものと思われます。一昨年末の審査結果を案じまするに、右の如き製作率の増大に対して　倫理規程の條項に基く希望事項の数字は一路減少の方向を辿りつゝあることが注目されるのであります。これ全く創設以来五ヶ年を経過し、その所期の目的が業界一般に滲透定着しつゝある事実を物語るものと思われ、少くともこの傾向は慶賀すべき現象と申せましよう。然しながら未だ規程の徹底には一部十全を期し得ぬ点もあり、特に昨今の如き複雑微妙なる国際情勢下にあっては、本規程の運営自体が直接大衆の心理に投ずる影響も深く、ひいては文化界全般の動向へ至大の反映をもたらす結果にも想到されますので、その面に於ては特に慎重精密なる検討を期する必要があると存じます。新年度を迎え、漸く社会の注視を浴びつゝある本管理委員会の使命いよいよ重大なることを思い、茲に関係各位と共に一層の精励を誓う次第であります。

* * *

○二月廿六日の管理委員会に於て、左の如く意見が決りました。

映画の及ぼす社会的影響、特に犯罪面への模倣、示唆の契機が映画によって与えられたことも時に報道されて居りますが、犯罪動機の分析については種々の社会的要因が複雑に結合している場合が多いので、この問題については、管理委員会も大きな関心を持って今后検討を進めることになりました。

審査脚本一覧

社名	題名	受付日	審査終了日	備考
ダヴィッド・プロ	美しい人	一、二九	二、三	
大映	阿波おどり狸合戦	二、一	二、三	
東宝	落語長屋は花ざかり	一、二九	二、四	「落語長屋」の改題
東宝	牧師三四郎	一、二九	二、四	
東映	春風愛憎峠	二、三	二、六	
松竹	「大夫樹」より 青春花形選手	一、二九	二、一〇	
新東宝	大阪の宿	二、三	二、一〇	
新東宝	股旅わらじ 恋慕笠	二、三	二、一〇	
東京映画	ウッカリ夫人とチャッカリ夫人 やりくり算段の巻	二、三	二、一〇	
東宝	わたしの凡てを	二、四	二、一〇	

a—6

松竹	黒門町伝七捕物帖 第一話 人肌千両	二、一〇	二、一一	
近代映協	足摺岬	二、八	二、一二	
近代映協	どぶ	二、一〇	二、一二	
東映	学生五人男 第一部 ボス退治 第二部 鉄腕は飛ぶ 第三部 恋愛ジャズバンド	二、一三	二、一五	
大映	舞妓物語	二、一二	二、一六	
東宝	闇をすっ飛ぶ男	二、一三	二、一六	「御ひいき六花撰」の改題
新東宝	東京シンデレラ娘	二、一〇	二、一七	
東映	雪之丞変化	二、一三	二、一七	
松竹	恋愛パトロール	二、一五	二、一七	
松竹	君の名は 第三部	二、一五	二、一七	
松竹	陽は沈まず	二、一六	二、一七	
大映	花のいのちを	二、一〇	二、一八	

a—7

新星映画	太陽のない街	二、一二	二、二二	
宝塚映画	妖鬼屋敷	二、一六	二、二二	
宝塚映画	家庭の事情 馬鹿じゃなかろかの巻	二、一六	二、二二	
新芸術プロ	花吹雪御存じ七人男	二、一八	二、二二	
中井プロ	嵐の青春	一一、四	二、二三	
東映	血ざくら判官	二、一七	二、二四	
大映	酔いどれ二刀流	二、二二	二、二四	

◎新作品……………二九本

シナリオ数……………二九本

内訳＝

松竹	五	東宝	四	大映	四
新東宝	三	東映	四	ダヴィッドプロ	一
東京映画	一	近代映協	二	新星映画	一
宝塚映画	二	新芸術プロ	一	中井プロ	一

a—8

脚本審査概要

美しい人	ダヴィッド・プロ

製作　遠山直道
原作　三好十郎
脚本　北風一平
監督　若杉光夫

弟を戦争にかり立てた右翼思想家を殺した女性の陳述を通して戦時から今日迄の一人の女性の不幸な運命を描く

（1）戦后描写のひとつだが　屋台店のおかみ（お絹）の台詞（シーン36）の中の〈経済警察〉批判のなか　これを一般的な誹謗としない為に　台詞を訂正して欲しい　例えば「今日きた奴なんか」と特に入れて貰えれば　一般的でなくなるのでその配慮が願わしい　自然八行目の「奴等」は取って貰うこと　そんな風な訂正を考慮して貰うことにした（法律1）

（2）シーン44以下に出る麻薬らしきものは薬名を具体的にしめさないで欲しい（法律1（三））

阿波おどり狸合戦	大映

御本　八尋不二
監督　加戸敏

阿波に伝わる狸の報恩談その他の口碑を人間の姿に移して描く

希望事項なし

落語長屋は花ざかり（「落語長屋」の改題）	東宝

製作　佐藤一郎・岸良平
構成　安藤鶴夫
脚本　井手俊郎
監督　青柳信雄

数種の落語を組合せその主人公を一つの長屋に住ませて構成した落語劇

希望事項なし

6－2

牧師三四郎　東宝

製作　本木荘二郎
脚本　小国英雄
監督　稲垣浩

かつて学生柔道の花形だった牧師が僻地の教会に着任して展開する物語を喜劇風に描く

(1) 丁半賭博の場面(シーン35・38・39等)は何れも細密描写に亘らぬよう特にシーン34に於ける子供の丁半遊びについては十分な配慮を希望する(法律1　教育2)

(2) シーン34の子供の仁義は劇進行上　必要の最少限度に止め　又シーン35の牧師の仁義は喜劇化を十分にし　出来うる限り省略の方向に進めたい(国家及社会2　教育2)

(3) シーン12　子供に対し入れ墨誇示の件は例えば否定的なセリフを追加する等の措置により入れ墨肯定の効果をもたらさないようにしたい(国家及社会2　教育2)

疾風愛憎峠　東映

企画　西原孝
〃　佐藤宇之助
脚本　小川正
監督　佐々木康

ム—3

幕末 長州藩士の江戸潜入を防ぐ為新設された検問所の鑑札を握る酒屋の主人と その昔の恋人である長州藩志士の妻をめぐる活劇物語

(1) シーン103 風呂屋の描写等に於ける演出注意希望 (風俗 2)

「火炎樹」より 青春花形選手	松竹

製作 市川哲夫
原作 鹿島孝二
脚本 池田忠雄
監督 芦原正

8−1

純情な正義漢の青年が会社乗取りを策する専務一派や街の無頼漢相手に活躍する物語

希望事項なし

大阪の宿　新東宝

製作　藤　勝三
〃　岡木良介
原作　水上滝太郎
脚本　八住利雄
〃　五所平之助
監修　五所平之助
監督　五所平之助

時勢の波に変貌する一旅館の女達の姿を　東京から赴任して其処に宿を求めた青年を中心に描く

ストリップ劇場の描写　演出上注意せられるよう希望（風俗　2）

股旅わらじ　恋慕笠　新東宝

製作　野坂和馬
企画　酒井知信
原作　長谷川伸
脚本　八尋不二
監督　田坂勝彦

自分の不幸な恋の想出への手向けに悪の親分を懲して若い恋人達を結んでやる

6−5

旅の博奕打の物語

希望事項なし

ウッカリ夫人とチャッカリ夫人
東京映画

製作　加藤　譲
原作　ラジオ東京連続放送
脚本　青木義久
〃　　倉田篤人
監督　渡辺邦男

ε—6

二組のサラリーマン家庭を通して現代世相を喜劇風に描く

希望事項なし

わたしの凡てを

東宝

製作 滝村和男
原作 菊田一夫
脚本 梅田晴夫
〃 浅野辰夫
〃 市川崑
監督 市川崑

ミス・ユニバース誕生物語とそれを中心に登場する数人の男女が描く現代風俗図絵

希望事項なし

黒門町伝七捕物帖第一話
人肌千両

松竹

製作 小倉浩一郎
原作 土師清二
〃 城昌幸
〃 佐々木杜太郎
〃 陣出達朗
〃 野村胡堂
脚本 成沢昌茂
監督 松田定次

江戸市中を騒がした怪盗「疾風」を捕える黒門町伝七の捕物第一話

希望事項なし

足摺岬
近代映画協会

製作　新藤兼人
協力製作　山田典吾
〃　絲屋寿雄
〃　能登節雄
原作　田宮虎彦
脚本　新藤兼人
監督　吉村公三郎

満州事件当時の暗い谷間を背景に、一人の貧しい学生の苦悩と恋を描く

希望事項なし

—8

どぶ

近代映画協会

製作 吉村公三郎
協力製作 山田典吾
〃 絲屋寿雄
〃 能登節雄
脚本 新藤兼人
〃 棚田吾郎
監督 新藤兼人

沼地の細民街に転り込んだ一人の娼婦の物語

（1）ツルに対して激しく殴打等暴行が加えられる個所（シーン55）は極端に残酷醜汚の感じにならぬよう演出注意を希望した（残酷醜汚 4）

（2）シーン136に出て来る裸体写真は猥雑でないものにすることを希望した（風俗 2）

学生五人男
第一部 ボス退治
第二部 鉄腕は飛ぶ
第三部 恋愛ジャズバンド

東映

企画 マキノ光雄
〃 吉野誠一
脚本 棚田吾郎
〃 舟橋和郎
監督 小杉勇

し－9

現代学生生活を三つの挿話から喜劇風に描く

（１）シーン41「磯千鳥」の一室　男が寝床で腹伏せになり　女が鏡の前で長襦袢で立膝と云う情景――このシーンは風俗上の点を十分注意して演出して戴きたい　（風俗２）

（２）シーン121　温泉マーク「紅荘」の一室　山形が盲目のふりをしているので　その山形の目の前で浅田とパン助らしい女がふざける――はこれも風俗上の点を注意して演出して戴きたい　女の声「助べエねフ、、」などは別のものに改めて欲しい　（風俗１）

舞妓物語	大映

企画　浅井昭三郎
原作　川口松太郎
脚本　君尾徳平、八尋不二
監督　安田公義

花街の義理から舞妓になった少女が死を賭してその身と恋を守る物語

希望事項なし

闇をすっ飛ぶ男 「御ひいき六花撰」の改題	東宝

製作 本木荘二郎
脚本 小国英雄
監督 マキノ雅弘

非道な旗本と商人を身を賭して懲す天保六花撰の活躍を描く

希望事項なし

東京シンデレラ娘	新東宝

製作 杉原貞雄
脚本 赤坂長義
〃 京中太郎
監督 井上梅次

みなし子の少女のやさしい心が ペテン師を改心させ 金持の老人の頑な心を解く物語をジャズを背景として描く

希望事項なし

a — 11

雪之丞変化　東映

企画　柳川武夫
〃　田口直也
原作　三上於菟吉
脚本　西條照太郎
監督　河野寿一

花形女形が無実の罪をきせて父を獄死させ　生家を没落させた元長崎奉行とその一味の悪商人達の秘密を暴く物語

希望事項なし

恋愛パトロール　松竹

製作　山本武
原作　宇井無愁
脚本　長瀬喜伴
監督　堀内真直

二人の警官と一人の婦人警官の恋と友情を描く

希望事項なし

君の名は 第三部
松竹

製作 山口松三郎
原作 菊田一夫
脚本 柳井隆雄
監督 大庭秀雄

「君の名は」完結篇

希望事項なし

陽は沈まず
松竹

製作 山本武
脚本 野田高梧、沢村勉
監督 中村登

政界財界の裏面を背景に老政治家とその一家の心理的葛藤を描く

希望事項なし

6－13

花のいのちを	大映

企画　根岸省三
原作　菊田一夫
脚本　成沢昌茂
監督　田中重雄

戦災によって身寄りを失った女性が出征した愛人と流転の末に再会し結ばれる迄の過程を中心に同じ学窓を出た女性達の波瀾の運命と友情を描く

(1) シーン19　20　24を通じて描かれている計画的に麻薬を用いて婦女を犯し脅喝手段とするのは穏当でない　必しも計画的ではなかった如く改訂したい（法律１）

太陽のない街	新星映画

製作　嵯峨善平
原作　徳永直
脚本　立野三郎
監督　山本薩夫

大正末年に起った共同印刷争議の経緯を当時の風俗人情を織りまぜて描いたもの

希望事項なし

妖鬼屋敷	宝塚映画

原作　佐々木味津三
構成　小国英雄
脚本　賀集院太郎
監督

旗本屋敷の秘密を守るために起った相次ぐ殺人事件を解決するむっつり右門の活躍篇

銭湯の女湯の殺人現場　演出上の注意を希望した（風俗２）

家庭の事情　馬鹿しやなかろの巻	宝塚映画

製作　山本紫朗
原作　三木鮎郎
脚本　賀集院太郎
監督　小田基義

6・・15

住宅難を諷刺した喜劇

(1)シーン70　香子「じゃどうして死にましょう……青酸加里……それ失」の青酸加里は削除を希望した（法律－1）

花吹雪御存じ七人男	新芸術プロ

製作　福島通人
原作　貴一兵
脚本　八住利雄
監督　斎藤寅次郎

歌舞伎世話物の人気者が彩るユーモラスな勧善懲悪の物語

希望事項なし

嵐の青春	中井プロ

製作　中井金兵衛
脚本　沢村勉
監督　志村敏夫

暴力団体の陰謀にまき込まれた学生の苦悩を中心に社会の思想　生活の嵐と斗う現代
学生の恋愛と友情の物語

全体を通じて　思想の自由を否定するかに感じられる個所の改訂を希望し　改訂版におい
て以上の改訂は実行された（国家社会１）

血ざくら判官	東映

企画　玉木潤一郎
〃　平井　与
脚本　高岩　肇
監督　萩原　遼

七－17

贋造小判事件を解決する遠山金四郎の捕物ばなし

シーン２　老人の溺死体の表現（残酷醜汚）及びシーン34の金さんの刺青の表現を誇示的
でないように（国家及び社会２）共に演出上注意して欲しい

酔いどれ二刀流

大映

企画 辻 久一
脚本 犬塚 稔
〃 寺田 哲郎
監督 森 一生

市井の酒好き中山安兵衛が高田の馬場の事件を契機に浅野家に仕官する物語

シーン47（高田の馬場）庄左エ門が＜止めを刺す＞のは従来のとおりやめていただき度い（法律1(イ)）

尚このシーンの終り わが我知らず叫ぶ＜お見事――＞という感歎 過度の讃美になる恐れあり 台詞を止めるか 或は演出上その点を配慮してなされたい（法律1(イ)）

これは中山安兵エの高田の馬場の話であり これは仇討をめぐるエピソードであるが ここには従来よくやったような批判的な台詞も行動も何もないけれども 全体からみると安兵エに対して見世物小屋のお滝なる人物を配することに依って 彼が未然の悲劇の中へ身を投じなければならなくなる封建制の運命のもとに描かれてあり たくまずして武士に対する否定的な観点から描かれることとなっているので（わざとらしい批判がかえってないことによって）観客の批判の対象としてこゝにこの劇が与えられているわけである よってこれはこれでよしとする。 たゞ以上の如き（脚本の面からみてゞあるが）もの故に演出に於てもこの精神を忘れないでやっていただきたい旨を伝えた

審査集計

規程條項	関係脚本題名及希望個所数		集計
1 国家及社会	「牧師三四郎」	2	4
	「嵐の青春」	1	
	「血ざくら判官」	1	
2 法律	「美しい人」	2	7
	「牧師三四郎」	1	
	「花のいのちを」	1	
	「家庭の事情」	1	
	「酔いどれ二刀流」	2	
3 宗教	希望事項なし	0	0

c−1

番号	項目	作品	件数	計
4	教育	「教師三四郎」	3	3
5	風俗	「疾風愛憎峠」	1	6
		「大阪の宿」	1	
		「どぶ」	1	
		「学生五人男」	2	
		「妖鬼屋敷」	1	
6	性	希望事項なし	0	0
7	残酷醜汚	「どぶ」	1	2
		「血ざくら判官」	1	

○希望事項総数……二二

(一2

審査映画一覧

○劇映画

審査番号	題名	会社名	巻数	呎数	製作	企画	原作	脚本	演出	主演
一二七〇	風来坊	松竹	五	三、九七二	高木貢一		山手樹一郎	永江勇	福田晴一	若杉英二 井川邦子
一二五六	陽のあたる家	〃	九	八、四三〇	山口松三郎		眞山美保	柳井隆雄	田畠恒男	轟夕起子 紙京子
一二六八	若き日の誘惑	〃	一〇	八、八一六	杉山茂樹		林芙美子	橋田寿賀子	酒井辰雄	大木実 藤乃高子
一二七二	濡れ燕権八	〃	一二	一一、三九八	杉山茂樹 岸本吟一		土師清二	鈴木兵吾	大曽根辰夫	高橋貞二 嶋崎雪子
一一八五	さらばラバウル	東宝	一一	九、四七一	田中友幸			木村武 西島大	本多猪四郎	池部良 三国連太郎
一二三三	伊津子とその母	〃	九	八、三一七	田中友幸		由起しげ子	井手俊郎	丸山誠治	水谷八重子 有馬稲子

C－3

一二五七	妻恋黒田節	大映	九 八、一〇七		浅井昭三郎		大塚稔	荒井良平	坂東好太郎 三條美紀
一二五八	四人の母	〃	一〇 八、八三〇				松田昌一 佐伯幸三	佐伯幸三	三益愛子 杉原啓子
一二二六	お菊と播磨	〃	一一 八、六四〇			岡本綺堂	伊藤大輔	伊藤大輔	長谷川一夫 津島恵子
一二三四	花と波濤	新東宝	九 八、九五三	高木次郎 金田良平		井上靖	池田忠雄	松林宗恵	上原謙 久慈あさみ
一二七九	花祭 底抜け千一夜	〃	九 七、三四九	杉原貞雄			賀集院太郎 西尾正記	斎藤寅次郎	伴淳三郎 松島トモ子
一二五九	殴り込み二十八人衆	東映	八 七、一三二		大森康正		高岩肇 村松道平	萩原遼	大友柳太朗 花柳小菊
一二六四	謎の黄金島 第一部 魔の密書 第二部 魔の白刃 第三部 魔の海神	〃	一三 一〇、四〇九		柳川武夫	土師清二 佐々木杜太郎	結束信二	河野寿一	堀雄二 喜多川千鶴
一二六二	近世名勝負 秩父水滸伝	〃	一〇 八、二九二	岩井金男		村松梢風	村松道平	小石栄一	河津清三郎 月丘千秋

C—4

一二七三	水戸黄門漫遊記	〃	九	八、三六四		玉木潤一郎		映画作家協団	伊賀山正徳	月形竜之介 千原しのぶ
一二五三	花と龍 第一部	〃	一二	一一、〇八四		マキノ光雄 栄田清一郎	火野葦平	橋本忍	佐伯清	藤田進 山根寿子
一二〇六	嵐の青春	中井プロ	九	七、九〇〇	中井金兵衛			沢村勉	志村敏夫	沼田曜一
一二三〇	若い瞳	宝塚映画	一〇	七、八三九				長谷川公之	鈴木英夫	太刀川洋一 八千草薫
一二六一	狙われた裸像	新東京プロ	四	三、〇二一		小林峰吉		岡 義則	北岡 均	
一二六三	燃える上海	現代プロ	九	七、八四六	山田典吾		村松梢風	吉村公三郎	今泉善珠	山村聡 川路竜子

○予告篇

一二五六－T	陽のあたる家	松竹	
一二七二－T	濡れ髪権八	〃	

C—5

一二六七―T	別離	松竹		
一二三三―T	伊津子とその母	東宝		
一二八五―T―二	さらばラバウル	〃		
一二一八―T	坊っちゃん社員	〃		
一二一九―T	大映ニュース第三〇五号	大映		山椒大夫 妻恋黒田節
一二五八―T	〃 第三〇六号	〃		四人の母
一二二六―T	〃 第二〇七号	〃		お菊と播磨 或る女（特報）
一二五一―T	〃 第三〇八号	〃		金色夜叉
一二二〇―T	〃 第三〇九号	〃		或る女
一二五一―T	〃 第三一一号	〃		金色夜叉
一二三四―T	花と波濤	新東宝		
一二七九―T	花祭底抜け千一夜	〃		
一二六九―T	君ゆえに	〃		

6―6

一二五九－T	殴り込み二十八人衆	東映	
一二六四－T	謎の黄金島	〃	
一二六二－T	近世名勝負物語 秩父水滸伝	〃	
一二七三－T	水戸黄門漫遊記	〃	
一一九七－T	設漁記 花と龍	〃	
一二五三－T	花と龍	〃	
一一六三－T	燃える上海	現代プロ	

○併映短篇

E－八六一	神奈川ニュース NO 72	神奈川ニュース映協	一 七五〇
E－八六八	〃 NO 73	〃	一 七五〇
E－八五六	中部日本映画 NO 2	中部日本映画	一 八〇〇
E－八六〇	〃 NO 3	〃	一 八〇〇

6－7

E-八六三	中部日本映画 NO 4	中部日本映画	一八〇〇	
E-八六九	〃 NO 5	〃	一八〇〇	
E-八五九	大分県ニュース 第十三号	大分県広報課	一八五〇	
E-八二三	ごちそう列車	日映科学映画	三二七〇四	
E-八四四	みつ蜂マーヤの冒険	芦田漫画	一九八〇	
E-八四二	ゆたかな電気	日映		
E-八六二	猛牛と空手	大洋プロ	二一二二四	
E-八六四	風雪十年全勝吉葉山	大日本相撲協会映画部	三二三〇〇	

○ スポーツ・ニュース

P-二九八	ムービータイムズ 第二九八号	プレミア		
P-二九九	〃 第二九九号	〃		
P-三〇〇	〃 第三〇〇号	〃		

P-三〇一	〃	第三〇一号	〃		

○新版

S-一八一	恋扇 佐々木小次郎	東宝	一五	一二、六四二	製作 森田信義 〃 宮城鎮治 原作 村上元三 脚本 松浦健郎 監督 稲垣浩	昭和二十五年製作
S-一八三	爆音	日活	八	七、六二〇	原作 伊藤章三 監督 田坂具隆	昭和十四年製作
S-一八四	青春の告白（エデンの海より）	綜芸プロ	一〇	七、六九三	製作 小倉浩一郎 原作 若杉慧 脚本 植草圭之助 監督 中村登	昭和二十五年製作

○完成映画数……………………二三本

内訳——松竹　四　東宝　二　大映　三

新東宝　二　東映　五　その他　四

○それらの予告篇……………………二二本

内訳——松竹　三　東宝　三　大映　六

新東宝　三　東映　六　その他　一

○併映短篇……………………一二本

○スポーツ・ニュース……………………四本

○新版……………………三本

○映画カット希望件数……………………一件

c―10

映画審査概要

○濡れ髪権八　松竹

全体的にみて悪の肯定とはならないまでも　批判的にあつかう方法にやや不満がないではないが　主題の悲劇的な面からみて　これはこのままとするが　今后かかる主題に対しては十分なる注意を望みたい旨を伝えた

○妻恋黒田節　大映

復讐を扱ってはいるが時代劇でもあり　勧善懲悪が明瞭であるから差支えはないものと認める

○殴り込み二十八人衆　東映

脚本審査時　希望した賭場の扱いは　演出上　先ずは十分なる注意が　払われたと認めら

れるものがあったが　同時にこのあたりを賭場描写の限界一杯としたの

○水戸黄門漫遊記　　東映

要助二人の刺青露出は　脚本審査の際担当審査員の不注意もあって　幾分誇示的に演出されているのであるが　しかし誇示的の感じはあるが全然効果的ではないのでそのまゝとした

○燃える上海（予告篇）　　現代プロ

ラッシュ内審后　私刑場面における婦人の下半身露出に稍々過度にわたるものがあり　善処を希望し　実行されたが　尚　本篇における一層の協力を希望し　諒承を得た

○燃える上海　　現代プロ

予告篇審査時　希望した私刑場面（婦人の下半身露出）は更に短縮を実行されていった

○ 爆音　日活

旧作品（昭和十四年製作）の関係上　現倫理規程上多少の疑義ありと認められる以下の部分　改訂を希望　実施された

(1)　「出征軍人名誉の家」標柱場面　（国家及社会４）

(2)　伴奏楽としての「愛国行進曲」使用部分　（国家及社会４）（計　二八〇呎）

C—13

宣伝広告審査概要

◎ 審査終了した宣伝材料

スチール……………………八一〇枚

プレス……………………二〇枚

ポスター……………………四六枚

撮影所通信 其の他……………………四九枚

◎ 該当希望事項なし

各社封切一覧

封切月日	審査番号	題名	製作会社	備考
○松竹				
二月三日	一一五一	日の果て	八木プロ 青年俳優クラブ	
	一二五〇	求婚三人娘	松竹	
二月十日	一二三九	ひよどり草紙	〃	
二月十七日	一二五六	陽のあたる家	〃	
	一二七〇	風来坊	〃	
二月二十四日	一二六八	若き日の誘惑	〃	
○東宝				
二月三日	一一八六	今宵ひと夜を	宝塚映画	
二月十日	一一八五	さらばラバウル	東宝	

C—15

二月十七日	一二三三	伊津子とその母	東宝
二月二十四日	一二三〇	若い瞳	宝塚映画
○大映			
二月三日	一二三六	雪の夜の決闘	大映
二月十日	一二六〇	美しき鷹	〃
二月十七日	一二五七	妻恋黒田節	〃
二月二十四日	一二五八	四人の母	〃
○新東宝			
二月三日	E－八五三	はるかなる山の呼ぶ声	新東宝
二月十日	一二三四	花と波濤	〃
二月十七日	一二七九	花嫁底抜け千一夜	〃
二月二十四日	一二六三	燃える上海	現代プロ
○東映			

二月三日	一二七四	続南国太平記 薩南の嵐	東映
二月十日	一二五九	殴り込み二十八人衆	〃
	一二六四	謎の黄金島 第一部 鷹の密書	〃
二月十七日	一二六二	近世名勝負物語 秩父水滸伝	〃
	一二六四	謎の黄金島 第二部 鷹の白刃	〃
二月二十四日	一二七三	水戸黄門漫遊記	〃
	一二六四	謎の黄金島 第三部 鷹の海神	〃

C—17

映画倫理規程審査記録第五六号

昭和二十九年三月十日発行

発行責任者　池田義信

東京都中央区築地三ノ六
映画倫理規程管理部事務局
電話築地（55）二八〇二 〇六九六番

映画倫理規程審査記録

第57号

※収録した資料は国立国会図書館の許諾を得て、デジタルデータから復刻したものである。
資料への書き込み、破損・文字の掠れ・誤字等は原本通りである。

57

映画倫理規程

審査記録

29.3.1―29.3.31

国立国会
29.5.14
図書館

映画倫理規程管理委員会

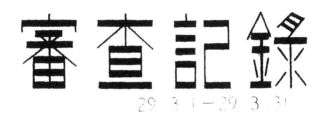

〔目次〕

管理部記事

○三月十二日の管理委員会に於て、映倫審査基準として　左の如く決定致しました。

一「刺青」「ばくち」「仁義」の描写は悪の讃美、犯罪手段の示唆にならぬようにする。

二裸体、特に乳房の露出は原則として避ける。個々の事例については慎重に検討して決める。

三寝室場面については審査に一層の慎重を期する。

○三月二十四日の協力員会議に於て

一女体描写の限度につき種々意見の交換を行い、三月十二日映倫委決定の線に副い配慮する。

二「切腹」については　その武士道的悲壮美を強調しないよう注意する。

ことに意見の一致を見ました。

審査脚本一覧

社名	題名	受付日	審査終了日	備考
新東宝	曆	二 二四	三 一	
東映	妖異忠臣蔵	二 二六	三 二	
松竹	裸形家族	二 二四	三 三	
新東宝	巌ちゃん先生行状記 処女合戦	三 一	三 三	
新東宝	一等マダムと三等ダンナ	三 一	三 九	
大映	愛染かつら	三 一	三 九	
永和プロ	ママの新婚旅行	三 五	三 九	
東映	続々々魚河岸の石松 女海賊と戦う	三 三	三 一〇	
東映	少年姿三四郎	三 四	三 一〇	
東映	黒頭巾第二話 風雲東海道	三 五	三 一〇	

2—2

宝塚映画	続 家庭の事情 さいざんすの巻	三 八	三 一〇	
大映	酔いどれ二刀流	三 三	三 一〇	改訂第二稿
大映	酔いどれ二刀流	三 一〇	三 一二	改訂第三稿
新東宝	若き日の啄木 雲は天才である	三 九	三 一三	
東映	近世名勝負物語 黄金街の覇者	三 一〇	三 一三	
新理研 第一協団	紅の谷	三 九	三 一五	
大映	花の長脇差	三 一五	三 一六	
東映	続水戸黄門漫遊記 副将軍初上り	三 一〇	三 一七	
大映	殴り込み孫悟空	三 一五	三 一七	
大映	こんな美男子見たことない	三 一六	三 一七	
東宝	魔子恐るべし 第一部	三 一五	三 二〇	
日活	國定忠治	三 一七	三 二二	
新東宝	剣俠江戸紫	三 一七	三 二三	「大江戸伊達男」の改題

a—3

社名	題名	受付日	審査終了日	備考
東映	暁の三十八番斬り	三 一二	三 二四	
東映	笛吹童子	三 一九	三 二四	
大映	春琴抄	三 二二	三 二四	
松竹	歓呼に寄せる頌歌	三 二二	三 二四	
宝塚映画	風流あじろ笠	三 二四	三 二五	
松竹	快盗三人吉三	二 一五	三 二六	「三人吉三」の改題
東映	悪魔が来りて笛を吹く	三 二五	三 二七	
日活	かくて夢あり	三 一一	三 二九	
東映	三代目の若旦那	三 二五	三 二九	「日本橋の若親分」の改題
新東宝	宝さがし百万両	三 二四	三 三〇	
日活	沓掛時次郎	三 三〇	三 三一	

◎新作品……三二本

シナリオ数……三四本

内訳＝松竹　三　東宝　一　大映　七（改訂版二）

新東宝　大　東映　一〇　日活　三

永和プロ　一　宝塚映画　二　新理研 第一協団　一

脚本審査概要

暦	新東宝

製作　坂上静翁
原作　壺井栄
脚本　井手俊郎
〃　中河百々代
監督　久松静児

親のない二人の姉妹を中心に彼女等をとりまく同胞の明るい感情の交流を描く

シーン47　風呂場シーン　演出注意を希望した　（風俗2）

妖異忠臣蔵	東映

企画　マキノ光雄
原作　角田喜久雄
脚本　比佐芳武
監督　未定

赤穂浪士余類の小判偽造団による殺人事件を解決する一浪人の物語

(1) シーン20 甚三部がお槙を高田等からかくまうところ——それは寝床の上に腹這いになって甚三部が本に読み耽り その向うに女が添い寝しているという情景であるが 風俗上十分に注意して演出して戴きたい（風俗２）

(2) 高田等に殺害された死体は いづれも過度に残酷醜汚の感じにならぬよう描写に注意して欲しい（残酷７）

(3) 甚三郎が小山田 高田等に一片の良心あればこの場を去らず腹を切れと云う台詞（シーン144）は深く縛につけと云った位のことに改訂して戴きたい（国家及社会２）

裸形家族
松竹

製作

脚本 山内久

監督 瑞穂春海

きびしい世相の中に生を終る老父母とその子供達の生活をめぐって肉親の愛情の葛藤を描く

希望事項なし

－２

巖ちゃん先生行状記 處女合戦	新東宝

製作　安達英三郎
原作　鳴山草平
脚本　井上　薫
監督　志村敏夫

女学校の青年教師をめぐってその教え児の卒業生達が描くユーモラスな恋愛劇

(1) シーン31　カーテンに写る着替えの女の裸像、シーン39　ストリップ、シーン83　露天風呂の新婚者などそれぞれ描写に注意して欲しい（風俗２）（三ケ所）

(2) シーン56　夜具に二つ枕が見えるのは　演出上何らかの配慮があって欲しい（風俗２）

一等マダムと三等ダンナ	新東宝

製作　金田良平
原作　並木　達
脚本　松浦健郎
監督　小森　白

有名女優を妻に持つ夫の悲喜劇

希望事項なし

愛染かつら
大映

企画 根岸省三
〃 中野繁雄
原作 川口松太郎
脚本 木村恵吾
〃 田辺朝二
監督 木村恵吾

若い医師と看護婦をめぐる恋愛メロドラマ

希望事項なし

ママの新婚旅行
永和プロ

製作 沼波啓陽
脚本 植草圭之助
〃 古川良範
監督 佐藤武

つつましい家庭生活に投げられた幾つかの波紋の中に親子兄弟の愛情を描く

希望事項なし

べ—1

続々々魚河岸の石松 女海賊と戦う
東映

企画　三上訓利
〃　加藤遵
原作　宮本幹也
脚本　笠原良三
監督　小石栄一

「魚河岸の石松」第五部

(1) 麻美たちのデンスケ賭博は　その手口を如実に描かないこと（法律1）

(2) シーン62　キノキンの台詞の中の「石さんの貞操」とあるのを　躰にして貰うこと　これはここ迄に出る（強意をもってくり返すらしく見えるが）「用心の棒」と云う言葉が性的な意味をかくされているかにも見える点を避けるためである　（風俗1）

(3) シーン67より72の岩風呂中の描写は　裸体に注意すると共に　煽情的な狙いを避けること　演出特に注意（演出者よりラッシュプリントで一應内容を求める旨申出あり）（風俗2）

(4) シーン84　ストリップ人形　及びシーン101　夢の中の人形　従来の通り演出注意（風俗2）

(5) シーン92の終　美智子の「ああ　もうたまらないわッ　早く　早く　キッスしてン……」は取って貰うこと（風俗1）

8－2

(6) 題名にも一應女海賊とうたってある以上 ラストで千秋は（画面には海賊的行動は何ら出なくとも）法的な処置をうけるよう改訂のこと（法律１）

(7) 全体に煽情をのみ狙った印象を避けるよう注意のこと（風俗２）

以上を希望し承諾を得た

少年姿三四郎	東映

企画 松崎啓次
原作 富田常雄
脚本 窪田篤人
〃 青木義久
監督 小林恒夫

柔道家姿三四郎の生立ちと修業の物語

(1) シーン50 夜中の女体描写 限度を越えぬよう演出注意希望した（風俗２）

黒頭巾第二話 風雲東海道	東映

企画 柳川武夫
原作 西條照太郎
脚本 加藤泰
監督 佐々木康

幕末薩長に下った討幕の密勅をめぐる争奪戦を描く

(1)シーン58の博打場（船中）は描写を如実でないこと　一応おおぴらでなく行われている暈しが必要である（法律１）

(2)シーン69お蝶の立廻りは　余り肉体露出にならぬよう注意を希望した（風俗２）

(3)尚　立廻りなどに血へど　血糊など成可く避けて欲しいが　たって使う時は　その立廻りは過度に残酷でないよう　また長さも考慮して欲しい（法律１(イ)）

続家庭の事情 さいざんすの巻	宝塚映画

原作　三木鮎郎
脚本　賀集院太郎
監督　小田基義

ビルのガラス拭きとなったトニー谷の世相風刺喜劇

女性の肉体露出の限度は慣例により十分注意して欲しいと希望した（風俗２）

32−4

酔いどれ二刀流（改訂第二稿）	大映

仇討讃美にならぬよう演出注意せられたり（法律 3）

酔いどれ二刀流（改訂第三稿）	大映

六郎左エ門の殺されるあたり過度に残酷にならぬよう配慮を得たい 尚仇討その他に対する件は すでに第一回の審査に於いて云いつくされている これを参照されたい

（法律 1（イ））

4—5

若き日の啄木
実は天才である

新東宝

企画　山崎喜郎
脚本　館岡謙之助
監督　中川信夫

石川啄木の北海道流浪時代を描く

希望事項なし

近世名勝負物語
黄金街の覇者

東映

企画　岡田寿之
原作　村松梢風
脚本　村松道平
監督　春原政久

明治末期　東京の株式界に君臨した一相場師の半生を描く

冒頭の時代が明治時代であることが　タイトルなり　或いは画面で分明するよう注意して

2―6

欲しい　尚シーン(7)迄の欽久の行動は戦争による経済変動を利しての行動であるので　好戦主義的な印象を与えないように　吉村（新聞記者）の台詞とか或いはその他の方法で批判的であって欲しいと思われる　（国家及社会　4）

虹の谷	新理研　第一協団

総指揮	中崎　敏	原作	小山勝清
製作	松崎啓次	脚本	八木保太郎
〃	浅田健三	監督	吉村　廉
〃	小山誠治	〃	古賀聖人

南九州の山奥に仂く猛牛と　牛使いの少年の美しい愛情を描く

希望事項なし

花の長脇差	大映

企画	高桑義生
脚本 監督	衣笠貞之助

三河団十郎と呼ばれる旅役者一座と　市川団十郎をめぐる芸道人情劇

希望事項なし

続水戸黄門漫遊記　副将軍初上り	東映

企画　玉木潤一郎
原案　東映画作家協団
脚本　尾崎十三雄
監督　伊賀山正徳

水戸黄門漫遊記中の一挿話　犬山城のお家騒動を解決する黄門の活躍篇

シーン28　助三郎がお大杯を思い切って庭先に叩きつけたり　真二つに斬るところは改訂を希望した（残酷　1）

国定忠治	日活

製作　星野和平
脚本　新島隆三
監督　滝沢英輔

徳川末期の時代相を背景に国定忠治がやくざに転落して行く悲劇を描く

(1) シーン28・101・102 などに出る 血みどろな と云う描写は 過度な血糊の表現でないように注意して欲しい（法律 ー(イ)）

(2) シーン79 円蔵のさらし首の描写は 残酷な印象を過度に与えないよう注意して欲しい（残酷醜汚）

(3) シーン82 忠治の伊三郎殺しの現場描写は 過度に残酷でないように注意を願いたい（法律 ー(イ)）

賭場の描写は余り具体的でない様 従来通り配慮されたい（法律 ー）

踊り込み孫悟空	大映

企画 高桑義生

脚本 八尋不二

監督 田坂勝彦

増長して天界を追われた孫悟空が人間界で善業を積んだ功徳で 再び神通力を得 天竺への旅に出る物語

8—9

希望事項なし

こんな美男子見たことない

大映

企画　岡田　熙
脚本　笠原良三
監督　西村元男

人気歌手を宣伝放送に出演させる為に追い廻す製薬会社の青年社員と若い芸者のラブ・コメディ

希望事項なし

魔子恐るべし（オ一部）

東宝

製作　佐藤一郎
原作　宮本幹也
脚本　梅田晴夫
監督　鈴木英夫

8-10

恋人を尋ねて上京した山窩の娘の冒険談

ディスカッションに先立ち　製作者側から

(1)山窩の扱いは　製作者が責任を持つ

(2)作り話である

との申出があり　これを諒承した

尚　希望事項は次の通りである

(1)卑猥にならぬよう全篇に亘って演出注意

(2)特に魔子の身が危くなる場面（シーン22・67〜68・105・134）魔子の動作の描写（シーン28〜30等）　ストリップ劇場の場面　は慎重にされたい

(3)部分的には以下改訂乃至削除を希望

(a)シーン5　……なおも怪しげな部分の方へ手を伸す

(b)シーン55　客「あの身体やったら日に十人は軽いなア……」

(c)シーン9　男B「水揚げでさア」

(d)シーン64　丸目「……今からじゃオールナイトさ」

(e)シーン65　女　「寝室芸術としてですか？」

丸目「いいこと云うね　寝室芸術……」

(e) 今シーン55 丸目「……常に荒草踏ゆる女ありき」以下この場面の終り迄
(f) シーン107 最後の刑事Bの「放りこんでおき給え」
(g) シーン114 上演題名「野性マンボヶ丘」
(h) シーン115 夏子「先生は取り方しか教えられないのね」
(i) シーン118 夏子の「神代以来のノースロって……」から 丸目の「……ゲンメツのキワミだからなし」迄

（(3) fが法律2 その他全部風俗の1 及び2 に該当）

暁の三十八番斬り	東映

企画 大森康正
原作 山手樹一郎
脚本 八住利雄
監督 渡辺邦男

所謂「伊賀の仇討」を中心に荒木又右衛門とその時代の動きを描く

希望事項なし

B—12

剣侠江戸紫 「大江戸伊達男」の改題	新東宝

製作　竹中美弘
〃　野坂和馬
脚本　三村伸太郎
監督　並木鏡太郎

旗本町奴の対立を背景とする「白井権八」の物語

希望事項なし

笛吹童子	東映

企画　マキノ光雄
〃　宮城文夫
原作　北村寿夫
脚本　小川正
監督　萩原遼

応仁の乱後　丹波の国を舞台に野武士に亡ぼされた城主の遺子達と野武士一味の正邪の葛藤を描く

希望事項なし

春琴抄	大映

原作　谷崎潤一郎
脚本　八尋不二
監督　伊藤大輔

主家の娘である盲目の美しい音曲師匠に仕える弟子の献身と愛の物語

シーン76と93・94の場面　裸形の表現につき注意されたい旨希望した（風俗1）

歓喜に寄せる頌歌	松竹

製作　久保光三
脚本
監督　小林正樹

一人の特異児童をめぐる人々の善意と愛情を描く

希望事項なし

8—14

風流あじろ笠	宝塚映画

原作　村上元三
脚本　八尋不二
監督　丸根賛太郎

白柄組の頭目水野十郎左エ門の遺児が悪旗本一味や不人情な親戚の妨害と斗って　生別した母　許婚者と再会する物語

希望事項なし

快盗三人吉三（「三人吉三」の改題）	松竹

製作　高木貢一
脚本　若尾徳平
監督　冬島泰三

江戸城の大奥の悪僧をめぐって陰謀事件解決に活躍する三人吉三の物語

希望事項なし

8—15

悪魔が来りて笛を吹く	東映

企画　坪井与
　　　玉木潤一郎
原作　横溝正史
脚本　比佐芳武
監督　松田定次

元華族の一家をめぐる相次ぐ殺人事件を解決する名探偵の活躍を描く

希望事項なし

かくて夢あり	日活

製作　初田敬
原作　大林清
脚本　猪俣勝人
監督　千葉泰樹

山林主の若い妻と　その義弟をめぐる恋愛メロドラマ

シーン5・35・43　等の台詞に於ける「弁護士試験」に関しては　現在修習生制度を施行

8－4

されているので　実状に即した形でありたい（法律　2）

三代目の若旦那 「日本橋の若親分」の改題	東映

企画　柴田万二
〃　加藤遥
脚本　阿木翁助
〃　鈴木岬
監督　佐伯幸二

子供達に慕われる一青年と町の人々が空地の不正拂下げ問題を協力して暴き　子供達の遊び場を守る物語

浴場の場面で裸体の表現に注意するよう希望した（風俗　1）

宝さがし百万両	新東宝

製作　杉原貞雄
脚本　八住利雄
監督　斉藤寅次郎

8—17

埋蔵金百万両の地図を秘めた　七福人形を探す二人の男の喜劇的物語

希望事項なし

沓掛時次郎
日活

製作　星野和平
原作　長谷川伸
脚本　菊島隆三
〃　井手雅人
監督　佐伯清

渡世の義理から手にかけた男の妻子を守って堅気となって流浪する旅鳥の侠気を描く

希望事項なし

ム—18

審査集計

規程條項	1		乙						
規程條項	國家及社會		法律						
關係脚本題名及希望個所数	「妖異忠臣蔵」 1	「黄金街の覇者」 1	「女々海賊と戦う」 2	「風雲東海道」 2	「酔いどれ二刀流」改訂第二稿 1	「酔いどれ二刀流」改訂第三稿 1	「国定忠治」 3	「魔子恐るべし」 1	「[illegible]くて夢あり」 1
累計	2		11						

C—1

3	宗教	希望事項なし	0
		計	0
4	教育	希望事項なし	0
		計	0
5	風俗	「暦」	1
		「妖異忠臣蔵」	1
		「轟ちゃん先生行状記 処女合戦」	2
		「続々々魚河岸の石松 女海賊と戦う」	6
		「少年姿三四郎」	1
		「黒頭巾第二話 風雲東海道」	1
		「続家庭の事情 さいぶんすの巻」	1
		「魔子恐るべし」	13
		「春琴抄」	1
		「三代目の若旦那」	1
		計	28

c－2

6	性	希望事項なし	0	0
7	残酷醜汚	「妖異忠臣蔵」	1	3
		「水戸黄門漫遊記 副将軍初上り」	1	
		「国定忠治」	1	

○希望事項総数……四四

C－3

審査映画一覧

○新映画

審査番号	題名	会社名	巻数	呎数	製作	企画	原作	脚本	演出	主演
一二六七	別離	松竹	一一	九、五〇六	大町龍夫			田中澄江 中村定郎	岩間鶴夫	若原雅夫 浅茅しのぶ
一二五二	女の園	〃	一四	一二、六五五	山本武		阿部知二	木下恵介	木下恵介	高峰三枝子 高峰秀子
一二六一	真実一路	〃	一四	一二、六〇五	小倉武志		山本有三	椎名利夫	川島雄三	淡島千景 山村聡
一三〇〇	恋愛[illegible]トコール	〃	九	七、九五八	山本武		宇井無愁	長瀬喜伴	堀内真直	川喜多雄二 草笛光子
一二九五	人間千両	〃	一一	九、二一五	小倉浩一郎			成沢昌茂	松田定次	高田浩吉 月丘夢路
一二四九	伊豆の踊子	〃	一〇	八、七七〇	山本武	福島通人	川端康成	伏見晁	野村芳太郎	美空ひばり 石浜朗

一三一八	坊っちゃん社員	東宝	一一 八、五八二	藤本真澄		源氏鶏太	池田一郎 山本嘉次郎	山本嘉次郎	小林桂樹 藤間紫
一二八二	落語長屋は花ざかり	〃	一〇 八、二二五	佐藤一郎 岸井良衛			井手俊郎	青柳信雄	榎本健一 久慈あさみ
一六〇七	かくて自由の鐘は鳴る	〃	一一 八、七九二	熊谷久虎			熊谷久虎	熊谷久虎	尾上九郎右衛門 東静子
一二四六	芸者小夏	〃	一一 九、五八四	佐藤一郎		舟橋聖一	梅田晴夫	杉江敏男	岡田茉莉子 池部良
一二五一	金色夜叉	大映	一二 八、六八〇	永田雅一	根岸省三	尾崎紅葉	島耕二	島耕二	根上淳 山本富士子
一二八四	阿波おどり狸合戦	〃	九 七、三四八				八尋不二	加戸敏	黒川弥太郎 阿井三千子
一二二〇	或る女	〃	一四 一三、一六一		中代富士男 小川吉衛	有島武郎	八住利雄	豊田四郎	京マチ子 森雅之
一二一九	山椒大夫	〃	一四 一一、六六〇	永田雅一	辻久一	森鴎外	八尋不二 依田義賢	溝口健二	田中絹代 花柳喜章

C－5

一二六九	君ゆえに	新興京	一〇	八、七四二	仲澤基彦		富田常雄	館岡謙之助	野村浩将	中山昭二 安西郷子
一二八六	股旅しぐれ川 恋慕笠	〃	八	七、四六七	野坂和馬		長谷川伸	八尋不二	田坂勝彦	大谷友右エ門 三浦光子
一二七五	春色お伝の方 江戸城炎上	〃	一一	九、二四九	黒井英生		邦枝完二	松浦健郎 清水宏夫	阿部豊	宮城千賀子 中村扇雀
一二八八	疾風愛憎峠	東映	一〇	九、三五七		西原孝 佐藤宇之助		小川正	佐々木康	市川右太エ門 木暮実千代
一二九八	学生五人男 第一部ボス退治	〃	五	三、九一六		マキノ光雄		棚田吾郎 舟橋和郎	小杉勇	波島進 日野明子
一二九八ノ二	〃 第二部鉄腕山に飛ぶ	〃	六	四、二五八		マキノ光雄		棚田吾郎 舟橋和郎	小杉勇	福岡正剛 川口節子
一二九八ノ三	〃 第三部悪魔とバンド	〃	五	四、一九三		マキノ光雄		棚田五郎 舟橋和郎	小杉勇	船山汎 田代百合子
一三〇七	血ぶくろ判官	〃	九	[illegible]、〇八七		玉木潤一郎 坪井與		高岩肇	荻原遼	片岡千恵蔵 三浦光子

C－6

一一九七	放浪記	〃	一三	一〇、八九四	大川　博	マキノ光雄 三上訓利	林芙美子	八田尚之	久松静児	角梨枝子 岡田英次
一二五四	花と龍 第二部 愛情流転	〃	一三	一〇、九五六		マキノ光雄 浜田清一郎	火野葦平	棚田　忍	佐伯　清	藤田　進 島崎雪子
一二九九	雪之丞変化 復讐の巻	〃	五	四、七四一			三上於菟吉	西條照太郎	河野寿一	東千代之介 喜多川千鶴
一二九九—上	復讐の舞	〃	六	五、二〇八			三上於菟吉	西條照太郎	河野寿一	東千代之介 喜多川千鶴
一二九九—完	復讐の剣	〃	五	四、五九六			三上於菟吉	西條照太郎	河野寿一	東千代之介 喜多川千鶴
一三二七	頭の三十八番斬り	〃	一〇	八、五五八			山手樹一郎	八住利雄	渡辺邦男	市川右太衛門 高峰三枝子
一二〇〇	長崎情話 裸になった蝶々さん	新興映画	五	四、二〇〇						
一二一五	狂宴	春秋プロ	一一	九、七〇〇	木下伏万	須谷良介		片岡　薫	関川秀雄	三島雅夫 望月優子

C－7

一四八四	一二八七	一五〇四	一三〇五	一三〇八
美しい人	ウッカリ夫人とチャッカリ夫人	妖鬼屋敷	家庭の事情 馬鹿じゃなかろうかの巻	花嫁御寮じゃ人男
シネマ・アートプロ	東京映画	宝塚映画	〃	新東宝プロ
一二、一〇四一七	九、七、五五〇	九、七、七一四	五、四、一五六	九、八、二四五
遠山直道	加藤譲			福島通人
	松崎啓次			
三好十郎	市川三郎	佐々木味津三	三木鶏郎	旗一兵
北風一平	青木義久 窪田篤人	賀集院太郎	賀集院太郎	八住利雄
若杉光夫	渡辺邦男	毛利正樹	小田基義	斎藤寅次郎
滝沢修 宮城野由美子	佐野周二 久慈あさみ	嵐寛寿郎 千美花代	トニー谷 伊吹友木子	アチャコ 伴淳三郎

○予告篇

一二五二一T	女の園	松竹
一二七一一T	真実一路	〃
一二四九一T	伊豆の踊子	〃

C—8

一二〇五－T	おと捕物帖 人肌千両	松竹	
一三〇一－T－一	君の名は 第三部	〃	
一二八二－T	落語長屋は花ざかり	東宝	
一三四六－T	芸者小夏	〃	
一二八一－二－T	続坊っちゃん社員	〃	
一二八四－T	大映ニュース 第三一〇号	大映	阿波おどり狸合戦
一二一九－T	〃 第三一二号	〃	山椒大夫 愛染かつら（特報）
一三〇九－T	〃 第三一三号	〃	酔どれ二刀流
一二八六－T	股旅しぐれ 恋慕笠	新東宝	
一二七五－T	春色お伝の方 江戸城炎上	〃	
一三一五－T	嵐おいらん先生行状記 処女合戦	〃	
一二八八－T	疾風愛憎峠	東映	
一一九八－T	学生五人男	〃	

一四〇七—T	血ざくら判官	東映		
一一九七—T	放浪記	〃		
一三三四—T	花と龍 第二部 愛情流転	〃		
一二九九—T	雪之丞変化	〃		
一七〇七—T	暁の三十八番斬り	〃		
一二一五—T	狂宴	春秋プロ		
一二八四—T	美しい人	ダヴィッドプロ		
一四八七—T	ウッカリ夫人とチャッカリ夫人	東京映画		
一四〇八—T	花吹雪御存じ七人男	新芸術プロ		

○併映短篇

E—八七六	神奈川ニュース NO 74	神奈川ニュース映協	一	七五〇
E—八八八	〃 NO 75	〃	一	七五〇

E－八七二	中部日本ニュース No 6	中部日本映画	一	八〇〇	
E－八八三	〃 No 7	〃	一	八〇〇	
E－八九二	〃 No 8	〃	一	八〇〇	
E－八九九	〃 No 9	〃	一	八〇〇	
E－九〇七	〃 No 10	〃	一	八〇〇	
E－七九五	札幌市政だより No 9	北日本映画	一	三五〇	
E－八一三	〃 No 10	〃	一	三五〇	
E－八三七	〃 No 11	〃	一	四〇〇	
E－八七一	〃 No 12	〃	一	四〇〇	
E－八七〇	道政トピックス No 14	〃	一	二五〇	
E－八七八	冬の札幌	〃	一	六〇〇	天然色
E－八六五	ガスの話	日映	一		
E－八七七	タイ国の印象	〃			

C－11

E－八八七	食べ大島	日映		
E－八八九	消防ニュース 10/6	〃	二	
E－八七四	ながれく電力 読 中国の電力	新理研	二	一、九〇〇
E－八八四	日本プロレスリング選手権争奪戦 関幕相撲つ	〃	二	
E－八七九	新聞	電通	三	
E－九〇一	ヒロシマの誕生	〃	一	
E－九〇二	幸福な作兵エさん	〃	二	一、八〇〇
E－八五七	盛岡陣屋	文部省		
E－九〇〇	秋まつり歌合戦	大映	三	二、四二六
E－九〇八	茨城ニュース 10/13	茨城県公庁課	一	八〇〇
E－八八二	和歌山県へ御招待	和歌山県	三	二、
E－九〇五	郷土の森林	大分県公庁課	一	五二〇
E－八四五	ねずみ退治	モーレンコンタイムズ	二	一九八〇

E－八七五	私たちの万年筆	S.C.P	三	二、七〇〇	
E－八八一	ラッシュアワー	日本観光写真映画部	二	一、七〇〇	
E－八九一	子うさぎものがたり	日動映画	二	一、三九一	
E－八九七	一九五四年男子スピードスケート世界選手権大会	読売映画社	二	一、五一一	
E－九〇四	昭和二十九年度大相撲大阪春場所熱戦集	大日本相撲協会映画部	二	一、八〇〇	

○スポーツ・ニュース					
P－三〇二	スポーツ・ニュース第三〇二号	プレミア			
P－三〇三	〃 第三〇三号	〃			
P－三〇四	〃 第三〇四号	〃			
P－三〇五	〃 第三〇五号	〃			
○新版					
S－一八五	決斗高田の馬場（血煙高田の馬場改題）	日活	七	四、六九四	原作・脚本 牧陶三 監督 稲垣浩 昭和十二年十二月製作

C－13

○完成映画数……三五本

内訳〃　松竹六　東宝四　大映四

新東宝三　東映一一　その他七

○それらの予告篇……二五本

内訳〃　松竹五　東宝三　大映三

新東宝三　東映七　その他四

○併映短篇映画……三三本

○スポーツニュース……四本

○新版……一本

○映画カット希望件数……九件

c—14

映画審査概要

○芸者小夏　東宝

寝室描写に関し風俗上挑発的に過ぎると感じられる個所　訂正を希んだ
その后協議の結果　該個所は音楽だけ残した暗い場面となつた

○君ゆえに　新東宝

無免許の運転手（女性）が　免許状のある男を助手席に乗せて街路を自動車で走るシーンがあるが　これはシナリオでは　附近の空地で　自動車運転の練習をすることになつていた筈で　それならばそれで交通取締規則に違反しないと云えるのであるが　街路を走るとなると　助手席に免許状を持つ運転手がいても規則違反である
しかし運転している人が仮免許状を持つている場合は容認されることになつているとのことで　今回の場合は　その仮免許状を持つているものとして　敢て改訂を行わず　そのままにしておいた

○疾風愛憎峠　東映

七巻目　女湯より逃げる全裸の女描写場面一呎削除希望し実行された（全長二呎半程度）（風俗エ）　これにより同場面は殆んどフラッシュ的になり　規程の範囲を逸脱せぬと判定した

○学生五人男　東映

第二部　鉄腕は飛ぶ

三巻目　風俗上好ましからざる「助平ねえ」の台詞削除を希望し実行された（男女が旅館の一室でふざけているところで「助平ねえ」と云う女の台詞がある）

○放浪記　東映

寝室場面の描写　風俗上穏当でないと感じられるところ削除を希望し実行された

○ 長崎情話 はだかにまつた蝶々さん　新興映画

この映画は最初東芸映画の製作により　一応完成したものである　この東芸映画の際の完成試写に於いては　ストリップの場面に関し改訂を希望したのであつたが　このたびの試写に於いてはその点改訂が行われていた

尚　この映画は東芸映画の時には「今様お蝶夫人」と云う題名であつた

○ 妖　鬼　屋　敷　宝塚映画

女湯脱衣場で女の乳房の出る所自主的に削除されたが　それでもほんの瞬間見られるが　実感の出ない位短い瞬間なので自主的削除を諒とした

○ 花吹雪御存じ七人男　新芸術プロ

七巻目　通夜の席へボスが侵入し　供えものを蹴る時　誤ってお骨の箱が落ちるのが　足蹴にしたように見える　これは日本人の宗教的感情から許せないことと思われるので削除を希望し実行された　（宗教）（四呎）

○女の園（予告篇）　松竹

「そんな要求は共産主義の云うことです」と云う台詞削除希望し実行された（二呎）

○叢ちゃん先生行状記
処女合戦（予告篇）　新東宝

ストリップショウの二ヶ所及び風呂場のシーン削除希望し実行された（五呎）

○疾風愛憎峠（予告篇）　東映

裸女が浴場から逃げ出して来るシーン　風俗上好ましからず削除を希望し実行された（一、五呎）

○和歌山県へ御招待　和歌山県

温泉に婦人の横坐像があるが　動かないし　短い上に乳房もかくしているのでよいことにした　勿論これが劇映画の場合は一考を要すると思う

C―18

宣伝広告審査概要

◎ 審査終了した宣材料

スチール ……………… 一、二四一枚
プレス ……………… 三八枚
ポスター ……………… 六八枚
撮影所通信其の他 ……………… 五一枚

◎ 使用中止方希望したもの

○ 芸者小夏　東宝

本映画のスチール中　番号29　54　55　56（以上小夏の入浴及び湯上りの場面）及び81（小夏とパトロンの同衾を暗示する場面）の五枚は　風俗上挑発的なので使用中止方を希望した

○　芸者小夏　　　　東宝

本映画の宣伝文案中

「熟し切れぬ白い乳房が官能の肌を意識する夜！」

「紅の帯とく今宵！　固い乳房が激しく息づいて」

の二句は　風俗上挑発的なので使用中止方を希望した

○　処女合戦　　　　新東宝

本映画のスチール中　番号29の一枚は半裸のストリッパーの乳房が露出しており　風俗上挑発的なので使用中止方を希望した

C—20

各社封切一覧

封切月日	審査番号	題名	製作会社	備考
○松竹				
三月三日	一二七二	濡れ髪権八	松竹	
三月十日	一二六七	別離	〃	
三月十六日	一二五二	女の園	〃	
三月二十四日	一二七一	真実一路	〃	
○東宝				
三月三日	一二一八	坊ちゃん社員	東宝	
三月十日	一二八七	ウッカリ夫人とチャッカリ夫人	東京映画	
三月十七日	一二八二	落語長屋は花ざかり	東宝	
	一三〇五	家庭の事情 馬鹿じゃなかろかの巻	宝塚映画	

C—21

三月二十四日	一三〇四	妖鬼屋敷	宝塚映画	
	S—一八五	決闘高田の馬場	日活	
○大映				
三月三日	一二二六	お菊と播磨	大映	
三月十三日	一二二〇	或る女	〃	
	一二八四	阿波おどり狸合戦	〃	
三月二十一日	一二五一	金色夜叉	〃	
○新東宝				
三月三日	一二六九	君ゆえに	新東宝	
三月八日	一二八六	恋慕笠	〃	
	S—一八四	「エデンの海」より 青春の告白	〃	「エデンの海」改題（新版）
三月十七日	一二七五	春色お伝の方 江戸城炎上	〃	
三月二十四日	一三〇八	花吹雪御存じ七人男	新芸術プロ	

○東映

三月三日	一二五三	花と龍　第一部	東映	
三月十日	一二八八	疾風愛憎峠	〃	
	一二九八	学生五人男（第一部ボス退治	〃	
三月十七日	一三〇七	血ざくら判官	〃	
	一二九八－二	学生五人男　第二部　鉄腕は飛ぶ	〃	
三月二十四日	一二五四	花と龍　第二部　愛情流転	〃	
	一二九八－三	学生五人男　第三部　恋愛ジャズバンド	〃	

G－22

映画倫理規程審査記録　第五七号

昭和二十九年四月十日　発行

発行責任者　池田義信

東京都中央区築地三ノ六

映画倫理規程管理部事務局

電話築地(55)二八〇二
〇六九六番

C—24

映画倫理規程審査記録

第58号

※収録した資料は国立国会図書館の許諾を得て、デジタルデータから復刻したものである。
資料への書き込み、破損・文字の掠れ・誤字等は原本通りである。

58

映画倫理規程

審査記録

29.4.1 — 29.4.30

国立国会
30.10.10
図書館

映画倫理規程管理委員会

「目次」

管理部記事

◎マスコミュニケイション各分野の連絡懇談会

さきに映倫管理部より発表されました本年度事業要項による六大マスコミュニケイションの「倫理基準」担当者による連絡懇談会は　四月二日（金）午后二時より新橋クラブに開かれ　大衆報道の社会的影響について多大の効力を有する新聞　ラジオ　レコード　戯芝居　映画等　各界機関の代表十二名が参集　映倫管理部が編集致しました各マスコミュニケイションの「倫理基準」施行概況を中心に　各々担当分野の審査状態を説明し　これに関連する諸問題について活発な意見の交換がありました。

特に現下の社会情勢下に於きましては　この種自主的倫理基準の確保が　内外ともに重要な意義を有することは明瞭であり　当日の出席者はすべてこの点に於て今后一層連絡の緊密化をはかり　共通の目的たる倫理基準の徹底とその社会的普及に努力し　文化のよき発展のために協力することになりました

尚　今后は近く開催される第二回会合に於きまして　一層具体的な方針を練り　相互の情報交換、連絡強化に努めることになりました。

当日の出席者は左の通りであります

（敬称略順不同）

千代田区日比谷公園市政会館内
日本新聞協会審査室
森本　忠

千代田区内幸町二丁目二番地
日本放送協会考査課
堀江乙雄

千代田区有楽町一丁目日比谷朝日生命館内
日本民間放送連盟企画部長
磯村幸男

千代田区有楽町一丁目一一番地
ラジオ東京考査部長
松山幸逸

新宿区若葉町一丁目五番地
日本文化放送協会考査室長
塚原政恒

中央区築地一丁目二〇番地
日本蓄音機レコード協会
安藤　穣

台東区中根岸八七番地織物会館内
紙芝居倫理規程管理委員会審査長
兼古毅一

a―2

○　○　○

中央区築地三丁目六番地

映画倫理規程管理委員会副委員長　池田義信

〃　専門審査員　小林勝

〃　管理部　萩原光雄

a—3

審査脚本一覧

社名	題名	受付日	審査終了日	備考
東京映画 大雅社	風立ちぬ	三、三〇	四、一	
東宝	晩菊	四、一	四、三	
池田プロ	若き日の血は燃えて	四、三	四、五	
大映	十代の秘密	四、三	四、五	
東宝	夏祭り落語長屋	四、五	四、六	
松竹	昨日と明日の間	三、二二	四、七	
東映	想しぐれ おしどり若衆	四、七	四、一三	
松竹	スタジオは大騒ぎ	四、一一	四、一四	「私は映画のプロデューサー」の改題
松竹	美男天狗党	四、一二	四、一四	
東映	桃源の鬼	四、一五	四、一六	

大映	投げ唄左門一番手柄 死美人屋敷	四一五	四一六	「死美人屋敷」の改題
松竹	腰抜け狂騒曲	四一五	四一六	
松竹	青草に坐す	四一五	四二〇	
東映	二挺拳銃の竜	四七	四二一	
東宝	次郎長三国志 第八部	四一六	四二一	
東映	鳴門秘帖	四二〇	四二一	前后篇
大映	慕情	四一九	四二三	
大映	螢草	四二一	四二三	「女だけの家族」の改題
松竹	最后の江戸ッ子	四一九	四二四	
松竹	おとこ大学	四二一	四二四	
東映	南総里見八犬傳	四二〇	四二八	第一部 第二部 第三部 第四部 第五部
東宝	水着の結婚式	四二三	四二八	
東京映画	陽気な探偵	四二三	四二八	

a—5

東映	野ざらし姫 追想三十郎	四二三	四二八
キヌタプロ	ともしび	二一七	四三〇
東宝	続魔子恐るべし	四二八	四三〇

◎新作品……………………三一本

シナリオ数…………………三一本

内訳＝松竹 七　東宝 五　大映 四

東映 一一　東京映画 大雄社 一　池田プロ 一

東京映画 一　キヌタプロ 一

a—6

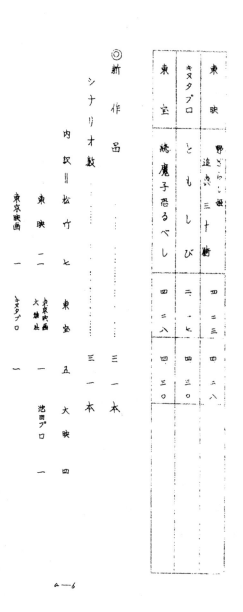

脚本審査概要

風立ちぬ

東京映画
大雅社

製作　伊藤基彦
〃　三輪礼二
〃　瀬良庄太郎
原作　堀辰雄
脚本　桂一郎
〃　村山俊郎
監督　島耕二

一人の女性の斗病生活とその死のうちに清純な恋愛と肉親の愛を描く

希望事項なし

晩菊

東宝

製作　藤本真澄
原作　林芙美子
脚本　田中澄江
〃　井手俊郎
監督　成瀬巳喜男

芸妓上りの金貸しと落魄したその昔の朋輩のそれぞれの生き方を描く

(1) シーン69の覚醒剤注射及びシーン76のヒロポン飲用については何れも演出注意を希望した。（法律一（二））

(2) その他　シーン22等に見られる如き　聊さか家庭の秩序に反する嫌いのあるセリフが散見せられるが　作品全般の構想に照し　特段の好ましからざる効果をもたらす結果には至らぬものと認め　以上を感想として伝えおくにとどめた。

若き日の血は燃えて	池田プロ

脚本　原　　聰
〃　星川清司
潤色　窪田篤人
監督　木元健太

二大学対抗水上競技を中心に覇権を争う二青年の友情を描く

待合の隣室に布団など用意してある所　学生劇映画の内容としては　演出に充分注意せらるよう希望した　（風俗２）

a—8

十代の秘密	大映

企画 上井速雄
原作 常安田鶴子
脚本 須崎勝弥
監督 仲木繁夫

同じ日に生まれた二人の少女の友情と恋を描く

希望事項なし

夏祭り落語長屋	東宝

製作 佐藤一郎
〃 牢井良衛
構成 安藤鶴夫
脚本 八住利雄
監督 青柳信雄

飲んだくれの大工とその長屋の住人達に数種の落語をからませた喜劇

希望事項なし

8—1

昨日と明日の間　松竹

製作　山本　武
原作　井上　靖
脚本　椎名利夫
監督　川島雄三

民間航空会社設立に活躍する一青年をめぐるメロドラマ

シーン103　女の仁義は特に行きすぎぬよう演出上注意希望した（国家及社会２）

唄しぐれ
おしどり若衆　東映

企画　福島通人
原作　三上於菟吉
脚本　西條照太郎
〃　加藤　泰
監督　佐々木　康

水野の緊縮時代　将軍の愛妾の権勢をたのむ悪旗本達とその愛妾故に兄を殺された若衆の正邪の葛藤を描く

希望事項なし

スタジオは大騒ぎ
（「私は映画のプロデウサー」の改題）

松竹

製作　大谷浩通
脚本　柳沢類寿
監督　穂積利昌

映画プロデウサーの業務を喜劇的に描く

希望事項なし

美男天狗党

松竹

製作　岸本吟一
原作　小川正
脚本　八尋不二
監督　内出好吉

幕末　天狗党の乱に散った男女の悲恋を描く

希望事項なし

ℓ―3

桃源の鬼　東映

企画　柳川武大
原作　山岡荘八
御本　笠原良三
監督　太　定

駿河大納言の悲劇を背景にその遺臣の忠節と恋を描く

希望事項なし

投げ唄左門一番手柄
死美人屋敷
（「死美人屋敷」の改題）　大映

企画　浅井昭三郎
原作　黒岩涙香
御本　民門敏雄
監督　荒井良平

息子の冤罪を雪ぐため　偽与力一味の悪人達に挑戦する元名与力の活躍物語

希望事項なし

ロ－4

腰抜け狂騒曲　松竹

製作　杉山茂樹
脚本　鈴木兵吾
監督　斉藤寅次郎

笠宮夫婦の温情に救われた與太者が夫婦の死後その遺児を守り育てる物語

シーン38の終りの部分　オンリーとジャニーの対話の中　金銭に関する件は（売春の正当化）とみられる恐れあり適宜改訂されるよう希望した　（性２）

青草に坐す　松竹

製作　山口松三郎
原作　白川渥
脚本　沢村勉
監督　野村芳太郎

或る船員の一家を中心とする恋愛劇

希望事項なし

a－5

二挺拳銃の竜	東映

企画　浅田建三
　　　吉野誠一
原作　下村千秋
脚本　高岩肇
監督　小石栄一

麻薬密輸ギャングの悲劇を描く

自主改訂本が続いて出る趣きであるが　全体的に以下の点について注意を望んだ
(1) 麻薬にふれているものであるから　ここに出てくる外国船　外国人の国籍は何れの場合も　それを特定のものでなく　不明にしておいて欲しいこと　秀蘭亭と云う中華料理店がそのたまり場のひとつになっているが　これもこのギャング達の背景に中国人が在るかの印象を与えなければこれでも好いが　さもなくば一般的なレストランにされる方が安全ならんのこと　（国家及社会３）
(2) ギャングの一味にひきいれられている税関吏が出てくるが　これはこの特定の人物ひとりに限られた印象で　税関一般に対する国民の不信をいだかせぬよう特に脚本上　演出上注意して訂正して欲しいこと　（法律１）
(3) 注射器　薬品名など特に刺戟的に表現せぬこと　（法律１（二））
(4) このギャング達の行動が　ヒロイックに美化されて表現されぬよう　全体的に批判的な

2--6

配慮を望みたいこと（法律１）

(5) 以上の点は　個々の場合にもふれて検討したが　更に改訂本について調べたい
それ以外でシーン90のギャング達が子供達の飼っている鳩を空気銃でうちおとして殺す
件　鳩は死なずに羽が傷ついて飛べない程度に止められたいこと（動物愛護の精神と
少年に対する教育的見地より）（残酷醜汚４・教育２）

次郎長三国志　第八部	東宝

製作　本木荘二郎
原作　村上元三
脚本　小川信昭
〃　中原俊哉
監督　マキノ雅弘

石松代参と死を描く第八部

(1) シーン47　昇竜の部屋（昇竜とそのお客が抱き合っていたところへ石松が入って来て二人は驚いて飛びのく）——このところへ寝具などが敷いてあっては風俗上好ましからぬ情景となる恐れあり　演出上の注意を希望する（風俗２）

(2) シーン49　ある農家の納屋の中　このバクチ場のシーンは石松が大いに儲けるところで

あるが　出来るだけ簡略にして刺戟を避けるように演出上の注意を希望する（国家及社会２）

鳴門秘帖（前后篇）	東映

企画　マキノ光雄
〃　近藤経一
〃　田口直也
原作　吉川英治
脚本　棚田吾郎
・　舟橋和郎
監督　渡辺邦男

十代将軍の治世　蜂須賀藩の討幕の密謀をめぐる葛藤を描く

希望事項なし

慕情	大映

企画　土井逸雄
原作　富田常雄
脚本　棚田吾郎
・　船橋和郎
監督　佐伯幸三

青年柔道家をめぐる恋愛と姉妹愛の物語

希望事項なし　ただ念の為麻薬のアンプルや注射器など余り刺戟的に表現せぬよう配慮して欲しい旨を伝言した

螢草（「女だけの家族」の改題）	大映

企画　辻　久一
脚本　成沢昌茂
〃　依田義賢
監督　溝口健二

京都島原の伝統的風俗を背景に母と娘の愛情の矛盾と相剋を描く

希望事項なし

最後の江戸っ子	松竹

製作　市川哲夫
脚本　森田龍男
監督　滝内康雄

上野の戦争を背景に一人の御家人の江戸っ子の意気地を描く

希望事項なし

おとこ大学	松竹

製作 大町龍夫
原作 鹿島孝二
脚本 椎名利夫
監督 田畠恒男

経営難の病院を舞台に二人の若い医師をめぐる葛藤と恋愛を描く

希望事項なし

南總里見八犬伝 第一部 第二部 第三部 第四部 第五部	東映

企画 玉木潤一郎
原作 滝沢馬琴
脚本 村松道平
監督 河野寿一

里見八犬士の活躍を描く

(1) 伏姫の乳房のアザを示す所（或いはスチールになるかも知れぬ由なれど）は 解説のための画であるが 注意して欲しい （風俗２）

(2) 浜路が信乃の寝室へしのんでくる件は （この映画は少年観客対象となると思われるので特に）寝室でなく描写して欲しい つまり蚊帳 寝床など一切無しでやって欲しい（風俗２）

水着の結婚式	東宝

製作 佐藤一郎
脚本 八田尚之
監督 杉江敏男

見合写真の取違えがまき起す喜劇

(1)シーン111 寝室場面 及びシーン116に於ける売春肯定を偲ばせる演出は(金二千円の支払)ともに頗ぶる控え目なものではあるが尚 留意 善処されたい (風俗2 性2)

陽気な探偵	東京映画

製作 三輪礼二
脚本 若尾徳平
監督 西村元男

ファッションモデルの殺人事件を解決する二人の私立探偵の喜劇物語

希望事項なし

野ざらし姫 追忠三十騎	東映

企画 柳川武夫
原作 山手樹一郎
〃 原進一
脚本 西條照太郎
〃 加藤泰
監督 小沢茂弘

藩の危急を救う為江戸に上る姫君とそれを追う悪家老の一味 姫君を助ける謎の浪人と旅芸人等の道中にくり広げる正邪の葛藤を描く

毒殺に阿片を使うのであるが 又阿片を栽培する云々などと云う個所もあるが なるべく

6—11

阿片と云う言葉を使用せず毒果とか毒草とか云ったことに変えて貰いたいと希望した
（法律１（三））

ともしび	キヌタプロ

製作　伊藤武郎
〃　川久保勝正
脚本　家城巳代治
〃　伊谷量平
〃　寺田信義
〃　井手俊郎
監督　家城巳代治

寒村の中学生達の手記から取材してその生活を描く

希望事項　なし

続　魔子恐るべし	東宝

製作　佐藤一郎
原作　宮本幹也
脚本　梅田晴夫
〃　高木恒穂
監督　鈴木英夫

前篇に引続き山の娘魔子が恋人を探しあぐねて都会から山に帰る迄の冒険談

(1) 全体に卑猥にならぬよう演出注意を希望した（風俗２）
(2) 細部では
(イ) 浮浪者が情欲に燃えて魔子を襲う件（シーン１）
(ロ) 魔子の幻想の件（シーン64　68）のモデル水浴等　何れも特に演出注意希望した
（各風俗１・２）

6―12

審査集計

	規程條項	関係脚本題名及希望個所数		集計
1	国家及社会	「昨日と明日の間」	1	3
		「二挺拳銃の竜」	1	
		「次郎長三国志第八部」	1	
2		「晩秋」	1	5
		「二挺拳銃の竜」	3	
		「野ざらし姫 追善三十騎」	1	
3	宗教	該当事項なし	0	0
4	教育	「二挺拳銃の竜」	1	1
5	風俗	「若き日の血は燃えて」	1	

C—1

5	風俗	「次郎長三国志第八部」	1	8
		「南総里見八犬伝」	2	
		「水着の結婚式」	1	
		「続恵子恐るべし」	3	
6	性	「腰抜け狂騒曲」	1	2.
		「水着の結婚式」	1	
7	残酷醜汚	「二挺拳銃の宿」	1	1

○希望事項総数　二〇

C－2

審査映画一覧

○ 劇映画

審査番号	題名	会社名	巻数	呎数	製作	企画	原作	脚本	演出	主演
一三〇二	伏盗三人吉三	松竹	十一	九一二六	高木貢一			杉尾徳平	冬島泰三	中村扇雀 嵯峨美智子
二八〇	若旦那武勇伝 「人気者」より	〃	十一	九二九五	市川哲夫		鹿島孝二	池田忠雄	戸原正	大木実 月丘夢路
一三〇一	君の名は 第三部	〃	十三	一一二三一	山口松三郎		菊田一夫	柳井隆雄	大庭秀雄	佐田啓二 岸惠子
一三一〇	裸形家族	〃	十一	九七九九	山口松三郎 長島豊次郎			山内久	瑞穂春海	高橋貞二 水原真知子
一二五〇	スタジオは大騒ぎ	〃	三	三六六一	大谷浩通			柳沢類寿	穂積利昌	片山明彦 北原三枝
一三八一二	坊っちゃん社員	東宝	十	八一一〇	藤本真澄		源氏鶏太	池田一郎 山本嘉次郎	山本嘉次郎	小林桂樹 河内桃子

（一 3）

一一六七	御ひいき花模様 暴い飛び男	東宝	十二	九、四二五	本木荘二郎			小国英雄	マキノ雅弘	河津清三郎 久慈あさみ
一三四七	夏祭り落語長屋	〃	九	七、五九〇	佐藤一郎	安藤鶴夫 岸井良衛		八住利雄	青柳信雄	榎本健一 柳家金語楼
六八八	七人の侍	〃	二十	一八、六〇一	本木荘二郎			黒沢明 橋本忍 小国英雄	黒沢明	三船敏郎 志村喬
一三〇九	酔いどれ二刀流	大映	十	八、一二五		辻久一		犬塚稔 吉田哲郎	森一生	長谷川一夫 若尾文子
一一七八	五っ木の子守唄	〃	十	八、七五六		根岸省三		笠原良三	枝川弘	北原義郎 南田洋子
一三一五	愛染かつら	〃	十三	一一、三四〇		根岸省三 中野繁雄	川口松太郎	木村恵吾 田辺朝二	木村恵吾	鶴田浩二 京マチ子
一三三八	こんな美男子見たことない	〃	六	四、九七五		岡田然		笠原良三	西村元男	船越英二 [illegible]洋子
一三二八	花の長脇差	〃	十一	八、八六二		高桑義生		衣笠貞之助	衣笠貞之助	長谷川一夫 高峰三枝子
一二九五	舞妓物語	〃	十	八、五六〇		浅井昭三郎	川口松太郎	若尾徳平 八尋樸児	安田公義	根上淳 若尾文子

一三一三	徹ちゃん先生行状記 処女合戦	新東宝	九	七、四五二	安達英三郎		鳴山草平	井上 薫	志村敏夫	舟橋 元 筑紫あけみ
一三一四	一年マダムと三等旦那	〃	八	六、八四四	金田良平		並木 透	松浦健郎	小森 白	伊藤雄之助 轟 夕起子
一二八五	大阪の宿	〃	十四	一〇、九五〇	藤嵩三 岡本良介		水上滝太郎	八住利雄	五所平之助	佐野周二 乙羽信子
一二九二	東京シンデレラ娘	〃	十三	一〇、三一八	杉原貞雄			赤坂長義 京中太郎	井上梅次	雪村いづみ 伴淳三郎
一三三九	宝さがし百万両	〃	十	八、四一五	杉原貞雄			八住利雄	斎藤寅次郎	花菱アチャコ 星 美智子
一三二五	続水戸黄門漫遊記 剣将軍初上り	東映	九	八、三八八		玉木潤一郎	映画作家協団	尾崎十三雄	伊賀山正徳	月形龍之助 千原しのぶ
一三一七一	少年姿三四郎 第一部	〃	六	五、〇八八		松崎啓次	富田常雄	窪田篤人 青木義久	小林恒夫	波島 進 月丘千秋
一三一六	続々々魚河岸の石松 女海賊と斗う	〃	十	八、三三二		三上訓利 加藤 眞	宮本幹也	笠原良三	小石栄一	河津清三郎 相原啓子
一三四〇	悪魔が来りて笛を吹く	〃	九	七、五五一		玉木潤一郎 坪井 与	横溝正史	比佐芳武	松田定次	片岡千恵蔵 三浦光子

一三四四一一	笛吹童子 第一部 髑髏の旗	[illegible]映	五	四、[illegible]九	[illegible]・光雄 萩原大火		北村寿夫	小川正	萩原遼	中村錦之助 田代百合子
一三[illegible]四一[illegible]	〃 第二部 妖術の斗争	〃	五	三、六八[illegible]	〃		〃	〃	〃	〃
一三五四一三	〃 完結篇 満月城の凱歌	〃	六	[illegible]、一四九	〃		〃	〃	〃	〃
一三三八	ぶらい婿どの	東京映画	十	七、七[illegible]九	加藤 [illegible]		源氏鶏太	[illegible]	[illegible]	青山京子 風伸一浩
一三五五	勲章	俳優座	十二	一〇、三六六	劇団俳優座	佐藤正之		橋本忍 内村直也 森谷実	渋谷実	佐田啓二 香川京子
一三三〇	続 哀愁の事情 ごらさんすの巻	宝塚映画	四	三、五四五			三木鮎郎	[illegible]	小田基義	トニー・谷 宇治かほる
一二九一	足摺岬	近代映協	十一	九、六七〇	新藤兼人 山田典吾		田宮虎彦	新藤兼人	吉村公三郎	木村功 津島恵子

c—6

予告篇

一二〇二一T	決闘三人吉三	松竹		
一三〇一一T二	君の名は第三部	〃		
一三〇三一T	陽は沈まず	〃		
九八八一T	七人の侍	東宝		第一報
九八八一T一二	仝	〃		第二報
一三九七一T	大阪六花撰 素っ飛び男	〃		
一三四七一T	夏祭り落語長屋	〃		
一二八九一T	わたしの凡てを	〃		
一三一三一T	大映ニュース第三一四号	大映		愛染かつら（再映）五つ木の子守唄
一三一五一T一二	〃 第三一五号	〃		愛染かつら
一三二八一T	〃 第三一六号	〃		花の長脇差
一二九五一T	〃 第三一七号	〃		舞妓物語

（一）

一三一一一丁	映ニュース 第三八号	大映		吹り込み芥居空
一三一四一丁	一等マダムと三等旦那	新東宝		
一二八五一丁	大阪の宿	〃		
一二九二一丁	東京シンデレラ娘	〃		
一一九二一丁一二	〃	〃		第二報
一三三九一丁	宝さがし百万両	〃		
一三三五一丁	新水戸黄門漫遊記 飛将軍初上り	東映		
一三一七一丁	少年姿三四郎	〃		
一三一六一丁	続々々々黄河岸の石松 女海賊と斗う	〃		
一三四〇一丁	悪魔が来りて笛を吹く	〃		
一三三四一丁	笛吹童子	〃		
一三四九一丁	唄しぐれ おしどり若衆	〃		
一二〇六一丁	嵐の青春	中井プロ		

C--8

一二三八一T	まい婿どの	東京映画		
一二五五一T	勲章	俳優座		
一二九一一T	足摺岬	近代映協		
○併映短篇				
E一九〇九	神奈川ニュース No 76	神奈川ニュース映協	一、七五〇	
E一九二九	〃 No 77	〃	一、七五〇	
E一九一一	中部日本ニュース No. 11	中部日本映画	一、八〇〇	
E一九一六	〃 No 12	〃	一、八〇〇	
E一九二四	〃 No 13	〃	一、八〇〇	
E一九三一	〃 No 14	〃	一、八〇〇	
E一九二五	躍進ジャイアント号	〃		
E一八九六	災害にいどむ	新理研		
E一八九七	なつかしの故国へ	〃	一	日本赤十字社企画

C—9

E-一八九八	雪			森永製菓(株)企画
E-一九〇五	ゴム工場見学記	電通	二 一、九五〇	
E-一九〇六	帰郷	〃	二 二、〇〇〇	英語版
E-一九〇七	ムービー・アド 幸福な夢	〃	一 二〇〇	
E-一八九五	明日は美しく	東宝映画社	四 三五九六	
E-一九一八	日活ニュース No.!	日活		
E-一九一九	ニホンザルの自然社会	三井芸術プロ	二 一、八〇〇	
E-一九三〇	松川事件 ―真実は壁を透して―	松川事件劇映画製作委員会	六	
	○スポーツニュース			
P-三〇六	ムービー・タイムズ 第三〇六号	プレミア		
P-三〇七	〃 第三〇七号			
P-三〇八	〃 第三〇八号			
P-三〇九	〃 第三〇九号			

○新版

Sー一八二

「裸の天使」より
ストリップパラダイス

シネアート
アンシゴーツ

二

脚本 伊丘延夫
〃 清水正二郎
監督 清水正二郎
昭和廿五年七月 製作

c 7 〃

○完成映画数　三一本

内訳＝松竹　五　東宝　四　大映　六
新東宝　五　東映　七　その他　四

○それらの予告篇　二八本

内訳＝松竹　三　東宝　五　大映　五
新東宝　五　東映　六　その他　四

○併映短篇　一七本

○スポーツ・ニュース　四本

○新版　一本

○映画カット希望件数　三件

映画審査概要

○快盗三人吉三　松竹

寝室場面の描写に聊か悪趣味に近い扱いがあったので今后に注意を希望した。

○愛染かつら　大映

手術台上　背面よりする女の裸体描写あれども　規程的にも全く問題はないものと認める。

○巌ちゃん先生行状記
　婦女合戦　新東宝

三巻目　ストリップショウの場面　乳の出るところ二ケ所削除希望し実行された（計十呎）

○続々々々魚河岸の石松
　女海賊と斗う　東映

C－13

六巻目　石松が風呂に入っているところへ　大阪マグムが入って来て迫るシーンのうち"ブリリンコとしてきたし"の台詞が二ヶ所あるが　その一つを削除希望し実行された（三呎）及び石松の台詞で"そこから近よると映倫のオッサンにおこられる"と云う部分　このシーン全体を短縮化するための処置として　まくもがなのカットを自主的に削除して貰つた。

尚　題名の件であるが　これは"女海賊"でなく"女"と"海賊"と戦う意味（広告などでは　別字体で出たのもある如く）とのこと　また画面でも千秋は海賊行為を見せないしまたその感じもないので　千秋に関しては何らその点では（脚本審査の希望事項）心配のないものであつた。

○勲　章　俳優座

ストリップ劇場の楽屋があり　裸体の女優が出る所が二ヶ所ある。何れもロングで不動だし　この場面も猥褻を表現せず　しがない場末の事務所（ストリップ劇場の隣室を借りて事務所にしている感じ）の環境描写であるから削除しないこととした。但しこの女がもつと近くバストがアップになれば一考の余地はある　猥褻を表現する力が強くなるからである。

○松　川　事　件

ー真実は壁を透してー

松川事件記録映画製作委員会

事件の概要及び被告側の主張を記録　これを一篇に集成したものであるが　特に他を誹ずる色彩なく　又それが被告側一方の発言にのみ止まるものであることが明らかに感知されるので何等の誤解をも生むおそれはないものと判定した。

○「裸の天使」より

ストリップパラダイス

シネアートアソシエーツ

ヒロセ元美の踊りのシーン　現在容認されている肉体露出の限度を越えている個所が少しあるのでその個所のカットを希望し実行された。

C―15

宣伝広告審査概要

◎審査終了した宣材料

スチール……一六一三枚

プレス……三三枚

ポスター……六〇枚

撮影所通信其の他……四五枚

◎使用中止方希望したもの

○続々々奥河岸の石松　女海賊と斗う　東映

本映画のスチール中　番号33の一枚（男女混浴の場面　俳優は河津清三郎と清川虹子）

件　風俗上挑発的なので使用中止方を希望した

C—16

各社封切一覧

封切月日	審査番号	題名	製作会社	備考
○松竹				
三月三一日	一二四九	伊豆の踊子	松竹	
四月七日	一二九三	佐七捕物帖 人肌千両	〃	
四月一四日	一三〇〇	恋愛パトロール	〃	
	一二五五	熱章	俳優座	
四月二一日	一三〇二	怪盗三人吉三	松竹	
四月二七日	一三〇一	君の名は 第三部	〃	
	一三五〇	スタジオは大騒ぎ	〃	
○東宝				
三月三一日	一二四六	芸者小夏	東宝	
四月七日	一三一八－二	続坊ちゃん社員	〃	
四月一四日	一二三八	よい婿どの	東京映画	

C—17

四月一四日	一三二〇	続家庭の事情 さいざんすの巻	宝塚映画
四月二一日	一二九七	御ひいき六花撰 素っ飛び男	東宝
四月二六日	九八八	七人の侍	東宝
○大映			
三月三一日	一二一九	山椒太夫	大映
四月七日	一三〇九	酔どれ二刀流	〃
四月一三日	一二八七	五ツ木の子守唄	〃
四月二一日	一三一五	愛染かつら	〃
四月二八日	一三二八	花の長脇差	〃
○新東宝			
三月三一日	一二八二	美しい人	ダヴィッドプロ
四月七日	一三一三	巌ちゃん先生行状記 處女合戦	新東宝
四月一三日	一三一四	一等マダムと三等旦那	〃

C—18

公開日	番号	題名	配給
四月二一日	一二八五	大阪の宿	〃
四月二七日	一二九二	東京シンデレラ娘	〃
○東映			
三月三一日	一三二七	暁の三十八番斬り	東映
	一二九九	雪之丞変化 復讐の巻	〃
四月七日	一一九七	放浪記	〃
	一二九九―二	雪之丞変化 復讐の舞	〃
四月一三日	一三二五	続水戸黄門漫遊記 副将軍初上り	〃
	一三一七―一	第一部 少年姿三四郎	〃
四月二一日	一三一六	続々々魚河岸の石松 女海賊と斗り	〃
	一二九九―三	雪之丞変化 復讐の剣	〃
四月二七日	一三四〇	悪魔が来りて笛を吹く	〃
	一三三四―一	笛吹童子 第一部 髑髏の旗	〃

四月七日	一二一五	狂宴	春秋プロ

映画倫理規程審査記録　第五八号

昭和二十九年五月十日　発行

発行責任者　池田義信

東京都中央区築地三ノ六
映画倫理規程管理部事務局
電話番号 (55) 二八〇二 〇六九六番

映画倫理規程審査記録

第59号

※収録した資料は国立国会図書館の許諾を得て、デジタルデータから復刻したものである。
資料への書き込み、破損・文字の掠れ・誤字等は原本通りである。

59

映画倫理規程

審査記録

29.5.1 — 29.5.31

国会
30.10.10
図書館

映画倫理規程管理委員会

目次

審査脚本一覧

社名	題名	受付日	審査終了日	備考
東宝	母恋人形	四・二八	五・四	
東映	二挺拳銃の竜	四・二八	五・四	改訂第二稿
大映	花の密使	四・三〇	五・四	
松竹	素浪人日和	四・一九	五・六	
富士プロ	愛	五・七	五・一一	
東映	一本刀土俵入	五・一〇	五・一一	
松竹	黒い罌粟	五・一	五・一二	
東映	弥次喜多 東海道の巻	五・四	五・一二	
東映	〃 熊野詣での巻	五・四	五・一二	
東映	〃 木曽街道の巻	五・四	五・一二	

a—1

松竹	螢草	五 六	五 一二	
太十プロ	弥次喜多 金比羅道中	五 七	五 一二	
東映	若者よ恋をしろ	五 一〇	五 一二	
東宝	宮本武蔵	五 一〇	五 一二	
大映	母《はは》時《ほと》鳥《とぎす》	五 一一	五 一二	
日活	学生心中	五 一一	五 一二	
新東宝	けれども私は	五 一二	五 一五	
大映	知らずの弥太郎	五 一四	五 一五	
大映	怪猫岡崎騒動	五 一五	五 一九	
東宝	落語シリーズ第三話 落語長屋お化け騒動	五 一七	五 一九	
東映	浅間しぐれ	五 一九	五 二一	
日活	愛と死の谷間	五 二一	五 二四	
宝塚映画	鞍馬天狗 雁のたより	五 二二	五 二四	

全映プロ	姿なき驀走	五・二二	五・二五
新東宝	田の秘密	五・二一	五・二六
宝塚映画	家庭の事情 おこんばんわの巻	五・二四	五・二六
東宝	次郎長三国志完結 荒神山	五・一四	五・二六
松竹	伝七捕物帖 刺青女難	五・二四	五・三一
松竹	青春前期	五・二四	五・三一
宝塚映画	家庭の事情 ネチョリンコンの巻	五・二六	五・三一

◎新作品　二九本

シナリオ数　三〇本

内訳＝松竹　五　東宝　三　大映　四　新東宝　二
東映　八（内改訂版一）　富士プロ　一　太平プロ　一
日活　二　宝塚映画　三　全映プロ　一

脚本審査概要

母恋人形	東映

製作　佐田一郎
〃　原進一
原作　竹田敏彦
脚本　館岡謙之助
監督　伊賀山正徳

子まで生ました愛人の裏切りから波瀾の運命を辿る女性と生別したその子が再会する迄の物語

二挺拳銃の竜 改訂版	東映

あいまい宿の二階の場面　女を犯さんとする処、風俗上並びに残酷の点から演出上注意を希望した。（風俗1　残酷醜汚4）

a—4

前回の第一稿審査前に自主的に改訂された訂正版であるから前回の注意改訂を参照の上
尚次の点に留意をのぞんだ。

1 シーン15 戦争の実写映画（ニュースとは思えない 何となればこの劇は現代を背景としているから）は利戦的ならざること（国家及社会4）

2 シーン20 関警部の台詞に 前回におけるごとく 税関吏に不信を与えないよう 訂正追加の台詞をのぞむ （法律1）

3 シーン47 ストリップフロアショウは云うまでもなく演出上注意のこと（風俗2）

4 シーン91 ここの鶏の処置については 前回の如き配慮をのぞみたい（残酷4 教育2）

以上を希望し承諾を得た。

花の密使	大映

企画 辻 久一
脚本 犬塚 稔
監督 森 一生

明治中期 盗まれた機密文書探索に活躍する掏摸上りの仕立屋銀次の物語

希望事項なし

素浪人日和

松竹

製作　小倉浩一郎
原作　山手樹一郎
脚本　八住利雄
監督　大曽根辰夫

大名のお家騒動をめぐって腹違いのために生い立ちと境遇を異にする先君の子三人の生き方を素浪人となった末弟の活躍を中心に描く

希望事項なし

愛

富士プロ

製作　菅井政三
製作協力　大塚和
原作　井上靖
脚本　植草圭之助
〃　古川良範
〃　若杉光夫
監督　若杉光夫

一つの列車に乗り合せた三組の男女の三つの挿話を通じてそれぞれの愛の姿を描く

希望事項なし

一本刀土俵入	東映

企画　玉木潤一郎
〃　宮城文夫
原作　長谷川伸
脚本　犬塚稔
〃　鈴木兵吾
監督　佐々木康

初志に背いて博徒となった取的が昔救けられた酌婦に再会　その危難を救って恩義に報いる物語

希望事項なし

黒い罌粟	松竹

製作　大町龍夫
原作　菊田一夫
脚本　池田忠雄
監督　原研吉

a―7

夫の死によってその背信を知った女性が自らの力にめざめて 声優として立上る姿を描く

ここに出る麻薬の実名（ヘロイン）は 特にここに出さるべきではないので 通称略名（例えばペイ）をぼかして欲しいことを希望した（法律1（三））

弥次喜多
東海道の巻

東映

企画 栄田清一郎
脚本 舟橋和郎
監督 小杉勇

2—8

弥次郎兵エ 喜多八の道中滑稽談

(1) シーン14の浴場場面に於ける身体露出 （風俗2）

(2) シーン23 宿の女中を口説く場面 寝床準備の描写 又セリフに於ける「へ、、、どうだ

手が早いだろう」　「彼奴は悪い病気を持ってるから感染《うつ》らぬように……」（風俗一）

(3) シーン24　見た目の隣室に於ける寝床上の若い男女の描写　（風俗2）

等　ややもすれば卑俗にわたるおそれがあるので　慎重な留意を希望した

尚　第二項のセリフは改訂を考慮したい。

鉄火喜多
鹿野浦での巻

東映

(1) シーン130の賭場描写は演出上注意　（法律一）

弥次喜多 木曽街道の巻	東映

(2) シーン132 セリフ「……少し露出症じゃないか……」に絡む裸体描写は卑俗に至らぬよう慎重な演出を希望する（風俗2）

(1) シーン217 湯殿の場 シーン221 中庭の場 シーン224 女湯の場 の三シーンを通じて扱われている女湯覗きの件りは 俗悪煽情に陥入る危険がある・演出上のみならず十分な留意 善処を希望したい（風俗1）

2―10

螢草

松竹

製作　久保光三
原作　久米正雄
脚本　久板栄二郎
監督　佐々木啓祐

失恋の傷手に耐えて熱病の病原体とその新薬の研究に精進する若い科学者をめぐるメロドラマ

星野と登子が繁みの中で見えなくなり　次に繁みの中で激しく組み合ってゆく若い肉体とある件　このまま演出されるならば風俗上甚だ好ましからぬ情景と存ずるに相違ないと思う　然るべく改訂或は風俗上の点を考慮して演出されることを希望した（シーン35・ホテルの庭）（風俗2）

ホ－1

あじゃぱあ　弥次喜多　金比羅道中

太千プロ

製作　井上清嗣
脚本　佐伯幸三
〃　中川順夫
監督　佐伯幸三

富くじに当って金比羅参りに出掛けた弥次喜多が大名のお家騒動に巻込まれて活躍する物語

(1)小田原の宿で弥次喜多が女の着替えを覗く件(シーン11〜14)
(2)三島の宿の風呂場の描写(シーン41〜47)
何れも余り卑猥且つ悪趣味にならぬよう演出上注意を希望した(風俗1)

若者よ恋をしろ	東映

企画　藤本昊登
〃　根串　安
〃　金子正且
原作　永来重明
〃　並木　遼
脚本　須崎勝弥
監督　佐伯　清

就職難時代の二人の若者の恋と友情をユーモラスに描く

希望事項なし

宮本武蔵　東宝

製作　滝村和男
原作　吉川英治
劇化　北條秀司
脚本　若尾徳平
〃　稲垣浩
監督　稲垣浩

関ケ原の戦に投じ夢破れた帰途　故郷の関を破って追われる身となった野生児武蔵が沢庵に救われ姫路城中に三年の修業を経て更に新しい修業の旅に上る迄を描く

希望事項なし

母《はは》時鳥《ほととぎす》　大映

企画　塚口一雄
原作　竹田敏彦
脚本　田辺朝二
監督　枝川弘

別れた娘が不良化したのを知って再婚先の家を出　すべてを尽してそれを救う母の真情を描く

希望事項なし

学生心中	日活

製作　岩井金男
原作　小谷剛
脚本　八住利雄
監督　森永健二郎

「心中」と呼ばれた男女学生の死を現代の多難な学生生活を背景に描く

希望事項なし

けれども私は	新東宝

企画　金田良平
原作脚本　北村小松
監督　青柳信雄

不思議な宿縁につながる人々が　くりひろげる恋愛劇

希望事項なし

知らずの弥太郎	大映

企画　浅原昭三郎
脚本　加藤友一
〃　菅沼完二
監督　森一生

ふとした縁で結ばれた旅鳥と浪人者と旅の女の友情と恋を描く

（1）シーン9以下　お延の裸体の演出上注意されたい（風俗２）
（2）シーン16　弥太郎と角又との格斗の場面（急所を蹴るところ）卑猥にならぬよう演出上注意希望した（風俗１）

怪猫岡崎騒動	大映

企画　高桑義生
脚本　木下藤吉
〃　吉田哲郎
監督　加戸敏

8—5

殺された側室の霊がその愛猫と共に怪異をなして悪人を懲し吾子を守護する物語

希望事項なし

落語シリーズ第三話 落語長屋お化け騒動
東宝

製作　佐藤一郎

原作　安藤鶴夫

〃　岸井良衛

脚本　佐藤武

監督　青柳信雄

落語長屋の種々の滑稽談を大工八五郎の活躍を中心に描く

希望事項なし

浅間しぐれ
東映

企画　高村将嗣

原作　大林清

脚本　加藤泰

〃　萩原遼

監督　萩原遼

親子の義理からやくざの争いに巻込まれて転々とする三味線弾きと師匠の娘の恋とめぐる芸道に結ばれた人々の人情を描く

(1) シーン23末尾半四郎が佐吉を無惨に斬り殺す　更に綱蔵が今一太刀　シーン27末　我が手の血刀を見る　シーン85千太郎の台詞の中「ぶった斬ってやらあ」等に見られる殺人残酷　血糊表現など演出上特に注意を願いたい（法律1(1)）

(2) シーン82　千太郎の仁義は　文句なしですまして欲しい（国家及社会2）

(3) シーン92　宿あらためで　女郎と客のあわてる処演出上注意を願いたい（風俗2）

(4) シーン119　千太郎が何か罪があるかの印象を（実は　無実の罪であることは後半に述べられるが）与えてそのまま話が終るかの印象を与えかねないので　シーン117辺りで　千太郎無実の罪をあかさんため島破りさえしたことを特に観客に印象づけるよう配慮あっても好いと思われるのでそのようにして工夫していただきたい（法律1）

6－7

愛と死の谷間

日活

製作　初田敏
〃　星野和平
脚本　椎名麟三
監督　五所平之助

若い女医とそれを尾行する私立探偵の心理的葛藤と診療所をめぐる人々の生活に滲む
現代に生きる不安を描く

希望事項なし

鞍馬天狗
雁のたより

宝塚映画

原作　大佛次郎
脚本　松浦健郎
監督　志村敏夫

老中の鉄砲私造を暴く鞍馬天狗の活躍物語

希望事項なし

2—5

姿なき驀走
全映プロ

企画　伊藤　正
〃　渥美鷹司
製作　鈴木健爾
脚本　田岡敬一
監督　煙川伊勢夫

不幸な生い立ちから自己と金銭を過信した青年セトルスマンが女性の純愛に目覚めながらその生き方の為に不慮の死を遂げる悲劇

急の為に下記のように申し入れた
キャバレーでのフロアショウ（ストリップ）は慣例通りやって戴くよう希望した（風俗2）

母の秘密
新東宝

製作　安達英三郎
脚本　館岡謙之助
監督　内川清一郎

或る殺人事件公判の陳述を通して一人の女性の数奇な運命と母性愛を描く

2―9

希望事項なし

家庭の事情
おこんばんわの巻

宝塚映画

原作　三木鮎郎
脚本　大畠玉[illegible]
監督　小田基[illegible]

発明家戸仁井谷吉がその発明品を利用して悪人を懲し恋人を獲得する喜劇

希望事項なし

次郎長三國志完結
荒神山

東宝

製作　本木荘二郎
原作　村上元三
脚本　橋本忍
監督　マキノ雅弘

次郎長と黒駒の勝蔵の対立を背景とする荒神山の賭場争いを未然に防ごうとした吉良の仁吉の苦心と死を描く

希望事項なし

佐七捕物帖
刺青女難

松竹

製作　小倉浩一郎
原作　捕物作家クラブ
脚本　柳川真一
監督　岩間鶴夫

没落した元長崎商人と悪役人による殺人事件を解決する黒門町伝七の手柄話

希望事項なし

青春前期

松竹

製作　小倉浩一郎
原作　若杉慧
脚本　柳井隆雄
監督　堀内真直

5―11

不慮の出来事から心身共に傷ついた女子高校生とその級友の少年の友情のうちに傷つきやすい思春期の男女の心理を描く

脚本には問題はないが　宣伝の面で所謂十代の心中とか　情死にふれないで惹句を作って欲しい旨念の為伝えた（本篇では必ずしも心中　情死となっていないが）

家庭の事情 ネチョリンコンの巻	宝塚映画

原作　三木鮎郎
脚本　天畠玉樹
監督　小田基義

宣伝会社の社長戸仁井谷吉が奇策を用いて悪者の為にさびれた海岸を繁盛させる喜劇

希望事項なし

5―12

審査集計

規程條項	関係脚本題名及希望個所数		集計
1 国家及社会	「二挺拳銃の竜」（改訂第二稿）	1	2
	「浅間しぐれ」	1	
2 法律	「二挺拳銃の竜」（改訂第二稿）	1	4
	「黒い罌粟」	1	
	「弥次㐂多熊野詣での巻」	1	
	「浅間しぐれ」	1	
3 宗教	希望事項なし	0	0
4 教育	「二挺拳銃の竜」（改訂第二稿）	1	1
5 風俗	「母恋人形」	1	

5	風俗	「二枚絵の竜」（改訂第二稿）	1
		「弥次喜多　東海道の巻」	3
		「〃　熊野詣での巻」	1
		「〃　木曽街道の巻」	1
		「蛍草」	1
		「弥次喜多　金比羅道中」	2
		「知らずの弥太郎」	2
		「浅間しぐれ」	1
		「姿なき鶯走」	1
			14
6	性	希望事項なし	0
			0
7	残酷醜汚	「母恋人形」	1
		「二枚絵の竜」（改訂第二稿）	1
			2

○希望事項総数……………二三

審査映画一覧

○劇映画

審査番号	題名	会社名	巻数	呎数	製作	企画	原作	脚本	演出	主演
一三〇二	陽は沈まず	松竹	十四	一二、五〇九	山本武			野田高梧 沢村勉	中村登	淡島千景 柳永二郎
一三五五	腰抜け狂騒曲	〃	十	八、三九九	杉山茂樹			鈴木兵吾	斉藤寅次郎	柳家金語楼 北原三枝
一三五九	最後の江戸ッ子	〃	五	三、九八五	市川哲夫			森田龍男	酒井辰雄	水島道太郎 藤代鮎子
一三五六	素浪人日和	〃	十二	一〇、四二二	小倉浩一郎		山手樹一郎	八住利雄	大曾根辰夫	高田浩吉 浅茅しのぶ
一三五四	青草に坐す	〃	十一	九、〇九六	山口松三郎		白川渥	沢村勉	野村芳太郎	美空ひばり 田浦正巳
一二八九	わたしの凡てを	東宝	十一	八、八四四	滝村和男		菊田一夫	梅田晴夫 浅野辰夫 市川崑	市川崑	池部良 伊東絹子

C—3

一三三〇	魔子恐るべし	東宝	十	八、一五三	佐藤一郎		宮本幹也	梅田晴夫	鈴木英夫	森繁久彌 根岸明美
一三二九	殴り込み孫悟空	大映	十	七、九〇〇		高桑義生		八尋不二	田坂勝彦	坂東好太郎 灰田勝彦
一二九四	花のいのちを	〃	十一	九、二五〇		根岸省三	萩田一夫	成沢昌茂	田中重雄	菅原謙二 沢村美智子
一三五三	投げ唄左門一番手柄 死美人屋敷	〃	九	七、八八〇		浅井昭三郎		民門敏雄	荒井良平	黒川弥太郎 伏見和子
一三四五	十代の秘密	〃	十	八、一八三		土井逸雄	常安田鶴子	須崎勝弥	仲木繁夫	根上淳 町田博子
一三三二	剣侠江戸紫	新東宝	十一	一〇、一九四	竹中義弘 野坂和馬			三村伸太郎	並木鏡太郎	大谷友右エ門 長谷川裕見子
一三二二	若き日の啄木 雲は天才である	〃	十一	九、〇四二		山崎善暉		館岡謙之助	中川信夫	岡田英次 若山セツ子
一三四九	唄しぐれ おしどり若衆	東映	十	八、四六二		橘馬道人	三上於菟吉	西条照太郎 加藤泰	佐々木康	中村錦之助 美空ひばり
一三四一	三代目の若旦那	〃	九	七、七二六		柴田万三 加藤遥		阿木翁助 鈴木兵一	佐伯幸三	佐野周二 星美智子

c一4

一四一七一二	少年姿三四郎 完結篇 大川端の決斗	東映	七	五九〇〇		松崎啓次	高田常雄	窪田篤人 青木義久	小林恒夫	波島進 月丘千秋
一三一二四	近世名勝負物語 黄金街の覇者	〃	十	九、三八七		岡田寿之	村松梢風	村松道平	春原政久	梅雄二 星崎雪子
一三六〇一一	南総里見八犬伝 第一部 妖刀村雨丸	〃	六	四、九二二		玉木潤一郎	滝沢馬琴	村松道平	河野寿一	東千代之介 田代百合子
一三六〇一二	〃 第二部 芳流閣の竜虎	〃	六	四八四六		〃	〃	〃	〃	〃
一三六一一一	鳴門秘帖 前篇	〃	九	八一〇〇		マキノ光雄 近藤経一	吉川英治	棚田吾郎 舟橋和郎	渡辺邦男	市川右太エ門 花柳小菊
一三六一一二	〃 後篇	〃	九	八五五〇		〃	〃	〃	〃	〃
一二〇九	最後の女たち ―サイパン陥落の日―	創映プロ			若山一夫 篠塚吉太郎	下川儀太郎		北村勉	楠田清	信欣三 利根はる恵
一三〇六	ともしび	キヌタプロ	十	八七〇〇	伊藤武郎 川久保勝正			家城巳代治 神谷量平	家城巳代治	内藤武敏 香川京子
一三一九	ママの新婚旅行	永和プロ	十	八三二六	沼波将陽 川井徳一			槇草圭之助 古川良範	佐藤武	山田五十鈴 山村聡

c―5

一二三八	風流あじろ笠	宝塚	十	七、七九二			村上元三	八尋不二	丸根賛太郎	小堀明男 長谷川裕見子
一三四二	風立ちぬ	東京映画 大雅社	十一	九〇七〇	伊藤基彦 三輪礼二 瀬良庄太郎			植一郎 村山俊郎	島耕二	久我美子 石浜朗
一三四六	若き血は燃えて	池田プロ	八	六、三四五				原聡 星川清司	木元健太	太刀川洋一 登島美智子
一三七〇	あじゃぱあ弥次喜多金比羅道中	太千プロ	九	七、九四七	井上清嗣			佐伯幸三 中川順夫	佐伯幸三	伴淳三郎 清川虹子

○予告篇

一三〇三―T―二	陽は沈まず	松竹		第二報
一三五六―T	素浪人日和	〃		
一三五四―T	青草に坐す	〃		
一〇〇三―T	かくて自由の鐘はなる	東宝		
一三三〇―T	魔子恐るべし	〃		
一三三一―T	大映ニュース 第三一九号	大映		こんな美男子見たことなし

c―6

一二九四―T	〃　第三二〇号	〃		花のいのちと
一三五三―T	〃　第三二一号	〃		投げ唄左門一番手柄 死美人屋敷
一三四五―T	〃　第三二二号	〃		十代の秘密
一三五七―T	〃　第三二三号	〃		慕情・春琴物語（特報）
一三三二―T―二	剣侠江戸紫	新東宝		第二報
一三二二―T	若き日の啄木 雲は天才である	〃		
一三一一―T	女の暦	〃		
一三〇一―T	三代目の若旦那	東映		
一三六一―一―T	鳴門秘帖（前篇）	〃		
一三六一―二―T	〃（後篇）	〃		
一三一七―二―T	少年姿三四郎 完結篇　大川端の決斗	〃		
一三二四―T	近世名勝負物語 黄金街の覇者	〃		
一三六八―T	南総里見八犬伝 第一部　第二部　第三部	〃		

C―7

一三四八－T	二挺拳銃の竜	東映			
一三〇六－T	ともしび	キヌタプロ			
一三一九－T	ママの新婚旅行	永和プロ			
一三三八－T	風流あじろ笠	宝塚映画			
一三四二－T	風立ちぬ	東京映画 大雅社			
一三七〇－T	弥次喜多 [illegible] 金比羅道中	太千プロ			
○併映短篇					
E－九三三	神奈川ニュース No.78	神奈川ニュース映協	一	七五〇	
E－九四四	〃 No.79	〃	一	七五〇	
E－九三四	無形文化財 チャッキラコ	〃	二	一、七五〇	
E－九三五	中部日本ニュース No.15	中部日本映画	一	八〇〇	
E－九四〇	〃 No.16	〃	一	八〇〇	
E－九四四	〃 No.17	〃	一	八〇〇	

c－8

E—九五一	〃 No.18	〃	一	八〇〇
E—八九四	参市ばなし	早稲田大学シナリオ研究会	二	一、八〇〇
E—九二〇	阿寒湖のまりも	科学映画研究所	二	一、二〇〇
E—九三六	輝く日章旗	第二回アジア競技大会映画製作委員会	三	
E—九四五	昭和二十九年度夏場所大相撲 前半戦	大日本相撲協会映画部	一	九五〇
E—九四六	〃 後半戦	〃	一	一、〇〇四
E—九四八	激斗王座を賭けて 世界フライ級拳斗選手権争奪戦	読売映画社	二	一、五八三
E—九四九	一九五四年メーデー	第廿五回中央メーデー実行委員会	二	
E—九四一	倉敷ビニロン	日映新社	二	
E—九五二	一九五四年レスリング世界選手権	〃	二	
E—九五五	佐久間ダム	岩波映画	四	

スポーツ・ニュース

P—三一〇	ムービー・タイムズ 第三一〇号	プレミア		

P－三一一	ムービータイムズ 第三一一号	プレミア		
P－三一二	〃 第三一二号	〃		
P－三一三	〃 第三一三号	〃		
P－三一四	〃 第三一四号	〃		

○完成映画数　二八本

内訳　松竹　五　東宝　二　大映　四
新東宝　二　東映　八　その他　七

○それらの予告篇　二四本

内訳　松竹　三　東宝　二　大映　五
新東宝　三　東映　七　その他　四

○新映短篇　一六本

○スポーツニュース　五本

C―10

映画審査概要

○ 南総里見八犬伝 第一部 妖刀村雨丸　東映

エンドマークに「第一部」の字句を入れて貰うよう訂正を申入れた

○ 最後の女たち
―サイパン陥落の日―　創映プロ

女の死体に乳房の出ている部分あれど場景が戦場であり　刺戟的ではないのでこのまゝとした　またカナカナ土人の女達がバッグで一カット出るが　これまたこのまゝとした

C―11

宣伝広告審査概要

◎審査終了した宣伝材料

スチール　九三一枚

プレス　一一枚

ポスター　三四枚

撮影所通信其の他　四五枚

◎該当希望事項なし

C―12

各社封切一覧

封切月日	審査番号	題名	製作会社	備考
○松竹				
五月　五日	一二八〇	若旦那武勇伝	松竹	
五月一二日	一三一〇	裸形家族	〃	
五月一九日	一三五五	腰抜け狂騒曲	〃	
五月二六日	一三〇三	陽は沈まず	〃	
○東宝				
五月　五日	一三四七	夏祭り落語長屋	東宝	
五月一二日	一二八九	わたしの凡てを	〃	
五月一九日	一三四二	風立ちぬ	東京映画 大雅社	
五月二六日	一三三八	風流あじろ笠	宝塚映画	

C — 5

○大映			
五月五日	一二九五	舞妓物語	大映
五月一二日	一三二九	殴り込み孫悟空	〃
五月一九日	一二九四	花のいのちと	〃
五月一九日	一三三一	こんな美男子見たことない	〃
五月二五日	一三五三	投げ唄左門一番手柄 死美人屋敷	〃
○新東宝			
五月五日	一三三九	宝さがし百万両	新東宝
五月一二日	一三三二	剣侠江戸紫	〃
五月一八日	一三一九	ママの新婚旅行	永和プロ
五月二六日	一三二二	若き日の啄木 雲は天才である	新東宝
○東映			
五月五日	一三四九	唄しぐれ おしどり若衆	東映

C—14

五月五日	一三三四—二	笛吹童子 第二部 妖術の斗争	〃
五月一二日	一三六一—一	鳴門秘帖 前篇	〃
	一三三四—三	笛吹童子 完結篇 満月城の凱歌	〃
五月一八日	一三四一	三代目の若旦那	〃
五月二五日	一三二四	黄金街の覇者	〃
五月二五日	一三一七—二	少年姿三四郎 完結篇 大川端の決斗	〃
○北星映画			
五月一八日	一二九一	足摺岬	近代映協

C—15

映画倫理規程審査記録　第五九号

昭和二十九年六月十日　発行

発行責任者　池田義信

東京都中央区築地三ノ六

映画倫理規程管理部事務局

電話番号（55）二八〇二
〇六九六番

映画倫理規程審査記録

第60号

※収録した資料は国立国会図書館の許諾を得て、デジタルデータから復刻したものである。
資料への書き込み、破損・文字の掠れ・誤字等は原本通りである。

60

映画倫理規程

審査記録

29.6.1.〜29.6.30.

映画倫理規程管理委員会

目次

管理部記事

◎映画倫理規程

満五周年を迎う

日本映画連合会
会長　大川　博

わが日本映画界の社会的責任を明らかにし、その提供する映画作品について審査の自主

2—1

性を確立した映画倫理規程の制定が映画史上に劃期的事実として記憶さるべきことは今更申すまでもありません、茲に管理委員会の発足以来満五ヶ年、内外の協力を得て関係各位の精励亦着々結実し、大過なく所期の目的に近づくの実績を挙げ来ったことは、映画界のために洵に欣快の至りと申すべきであります。

諸般の情勢より判断致しまして、規程制定の趣旨並びにその意義が　今日ほど切実に痛感されることは、過去五年の歴史に　未だ曾てなかった所であります。業界は挙げて此の際発足当初の精神を再認識し　その実現に遺憾なきよう、万全の努力を払うべき秋と存じます。

同規程創設満五周年のこの日に当り、社会各層の御協援を深く感謝致しますと共に　自ら映画界の一層の決意を新たにする所以であります。

昭和二十九年六月十四日

映画倫理規程管理委員会

委員長　渡辺銕蔵

○　○　○

昭和廿四年、映画倫理規程管理委員会が、業界一致の協力を以て発足致しましてから今日満五周年の歴史を綴るに到ったわけでありますが　この間　取扱いました脚本数は一

a—2

千四百冊に及び　審査致しました映画数は実に三千五百本に垂んとする状況に達しました。これ実に日本映画界の自覚と情熱を以てして初めて達し得た業績と申すべく　且つは映画に対する社会各層の関心と支持の結晶と断ずるも過言ではないと存じます。洵に直接この運営の責に任ずるものとして深い感銘を以て謹んで敬意と深謝の念を表するものであります。

会長の言の如く、今や内外の情勢微妙を極め、凡て文化事業に携わるもの　一日としてこれに対する注目を忽せにすべきではないと考えます　業界一般の方々におかれましても委員会過去の足跡に深く思いを到され、層一層の御援護と御支持を以て、この意義ある事業の運営に阻害なきよう　ひいては映画界がこの困難な時流を乗り切って社会大衆のために、常に喜ばしき娯楽と芸術を提供し得るよう、一段と御努力下さらんことをこい願う次第であります。

昭和二十九年六月十四日

○　○　○

記

昭和二十九年六月十四日創設満五周年に当り　映画倫理規程管理委員会は　その目的の達成を促進するため　左の如き方針を定める

a—3

○創設以来五ケ年に亘る実績を基礎として　制定の趣旨に則り映画界一般との協力体制を整え　特に製作現場関係　興行関係へ一層の連絡円滑化を計ること

○映画の社会性　大衆性に鑑み、一層世論の吸収に努め　社会各層の支持を得て所期の目的を達成するよう提携の強化を行うこと

○規程管理の基礎となる各般の資料の蒐集整備、諸種の調査に一段の努力を傾注すること

○審査に愈々慎重確実を期すると共に、特に年少者への映画の影響を考慮し　関連各方面と協力して効果ある実行方法を講ずること

○国の内外に亘る情勢の動向を察し　規程制定の趣旨達成に遺憾なきよう慎重に運営の実を挙げること

○　○　○

◎映倫五ケ年の実績一覧

○審査終了脚本数……………一、四四三冊

○審査終了映画数……………三、四八六本

内訳
- 劇映画…………一、二四二本
- 短篇その他…………二、二四四本

○脚本に於ける希望事項数

総数	三三二三件
国家及社会	一一一二件
法律	六七三件
宗教	二六件
教育	二五八件
風俗	五七七件
性	三三八件
残酷醜汚	三三九件

○映画に於ける修正希望件数……五〇九件

（昭和廿九年六月十三日現在）

○　○　○

◎拳銃類の取扱いについて

都会の暗黒面に跳梁する暴力に対する取締の一環として　拳銃その他の兇器摘発が厳格に施行されて居りますが　映画中に使用されるこれらの兇器類についても観客に対する影響が顧慮されますので　特に専門審査員会議の意見もあり　六月廿五日

a—5

の管理委員会に於て　今后一層慎重な配慮を以てその取扱いに当ることになりました。

追　記

○松竹映画「女の園」の中に現れる電報配達員と警官の取扱いに関し、左の如き文書の連絡がありましたから茲に掲載致します

前略
日本電信電話公社より映画「女の園」に於いて電報の取扱いが　不審に描かれている点につき注意がありましたので御参考迄に　右文書の写同封致しました。
向後社関係部門に於ては今後充分注意する旨回答致して置きました

昭和二十九年六月廿九日

松竹映画製作本部

企画渉外課

映倫管理部殿

＊　＊　＊

電運信一七六号

昭和二十九年五月二十七日

日本電信電話公社

運用局長　田邊　仟　（印）

松竹株式会社

社長　大谷竹次郎殿

通信の秘密確保について

最近公開されている貴社映画「女の園」の中に　電報配達員が電報配達の途中において捜索のため張り込んでいた警察官から「電報をちよつと見せてくれ」といわれたのに対して　その電報配達員が「はい」といつて簡単に電報を見せている場面がありますが　通信の秘密は　基本的人権の一つとして憲法（第二十一條第二項）に保證するところでありまた　公衆電気通信法においても第五条に「公社の取扱中に係る通信の秘密は侵してはならない　公衆電気通信業務に従事する者は　在職中公社の取扱中に係る通信に関して知り得た他人の秘密を守らなければならない　その職を退いた後においても同様とする」と規程し　利用者が安心して電報を出し　また電話を掛けることができるよう　その通信の秘密を保護しているのでありまして　公社と致しましては　刑事訴訟法第百条及び第百大条の規定により裁判所から発せられた差押状または捜索状を提示して為される電報の差押等

a—7

の外は　たとえ警察官であつても電報を見せたり　発信人や受取人の住所氏名を話したりすることのないよう職員に厳重に注意して電報を取扱わせているのであります　従ってこの映画の場面は通信の秘密が容易に警察官等第三者に洩らされるのではないかとの誤解を一般の人々に与えるおそれが多分にありますので　この場面をカットするか　修正するか等適宜の措置を講ぜられますよう　お願いいたします。

なお　御手数ではありますが　御措置の模様をお報らせ下さいますよう併せてお願いいたします。

○この文書に対し専門審査員より次の書簡が送附されました

昭和二十九年七月十日

映画倫理規程管理委員会

専門審査員

長江道太郎

日本電信電話公社

運用局長　田辺　正　殿

冠省

貴電通信第一七六号をもって松竹株式会社宛「通信の秘密確保について」の貴簡 松竹株式会社製作本部より当方にも関係ある事項のため参考資料として廻して来ましたので本日ここに拝見いたしましたが当該映画「女の園」の審査をいたしました当方としても 一言その件に関しては申しのべておいた方がよいかと存ぜられますので ここにお手紙致す次第であります

貴簡の御趣旨は至極御尤もなことにて さらに何ら申上ぐべきことはございません 当方の審査においても かねてより脚本審査 或いは完成映画の審査のときに 御趣旨のごとく訂正してもらった例も二三にとどまらない次第であります これは当方から出しています毎月の「審査記録」をごらん下されば御了解いただけることと存じます 映画倫理規程は同封「規程」のごとく 通信の秘密確保に対しては 法的にも 社会道徳的にも憲法にしたがった人権尊重を大切にしてきたことは申上ぐるまでもありません 貴簡の御趣旨のごとく「女の園」のその件がもしそのような反対の印象を観客に与える恐れがあるとしたならば まことに遺憾な次第でありました。特にこの点に関してわざわざ御関心いただきましたことを 当方としてもあつく御礼申上げます

ただ当方として御参考までに申上げたいことは「女の園」脚本審査の際 すでにあの件については担当専門審査員として十分の関心をはらい検討した箇所であったことでありま

す。一応御趣旨のごとく　ここのところは法的にはゆるさるべきではないことを注意した行方捜査中の人物について　殊にこれが一人の人命の安危にも関るような切迫の場合でもあるだけに　そこを違法の印象を与えないよう配慮の上特に演出上の注意をのぞみました。これは貴簡によれば、捜査のため張込んでいた警官　とありますが　郷里から家出してきた娘をさがすため警官が民衆のため協力している場合であって　犯罪捜査あるいは世上にも話題になったことのあるような特殊な調査のためでもなく、むしろ人命を尊重するという他面の憲法本来の解釈からも、厳密にいって違法にはちがいないことは明かでありますが　かゝる場合　何らかの表現描写の方法もあるのではないかとの考慮をはらった次第でありました。ただ残念なことは　完成映画において　配達員がいかにも無造作にそれがあたかも日常の如く何らことわることもなく電報を他人に一応わたしてしまうかにおもわれる点はまことに心残りなことでありました。警官の方の演出は当方の注意にしたがってただ表をみるだけで中はあけてみないことになっていた点は十分とはいえなくとも誤解の幾分かをさけ得たのではないかと思われました　いづれにしましても以上のような当方の配慮にもかゝわらず御申越しの御趣旨に対して結果としては完全を期しえなかったことは呉々も遺憾に存ずる次第でございます。

右　取不敢御挨拶旁々御連絡申上げます

敬具

審査脚本一覧

社名	題名	受付日	審査終了日	備考
新東宝	東京ロマンス 重盛君上京す	五、三一	六、二	
新東宝	大岡政談妖棋傳 第一部白蝋の仮面	五、三一	六、二	
新東宝	仝 第二部地獄谷の対決	五、三一	六、二	
東宝	君死に給うこと勿かれ	六、一	六、二	
日活	黒い湖	五、三一	六、三	
新東宝	潜水艦ろ号未だ浮上せず	六、二	六、四	
大映	真白き富士の嶺	六、四	六、七	
大映	浅草の夜	六、五	六、七	
東映	恋しぐれ 浅間の火祭	六、二	六、八	「浅間しぐれ」の改題 改訂第二稿
東映	懐しのメロディー 第一部二人は若い	六、五	六、八	

五ー11

東映	懐しのメロディー 第二部 よ、それなのに	六 五	六 八	
東映	第三部 うちの女房には髭がある	六 五	六 八	
松竹	新婚たくわん夫婦	六 八	六 九	
南旺映画	少年ケニヤ 第一部	六 八	六 一一	
大映	投げ唄左門二番手柄 釣天井の佝僂男	六 九	六 一一	
大映	嫁とよばれてまだ三月	六 九	六 一一	
新東宝	乾杯！女学生	六 九	六 一四	
東京映画 滝村プロ	やくざ囃子	六 九	六 一四	
大映	月よりの使者	六 一一	六 一四	
新東宝	関八州勢揃い	六 九	六 一六	
東映	道中悲記	六 九	六 一六	
東映	爆笑天国とんち教室	六 九	六 一六	
松竹	若旦那の青春	六 一二	六 一六	

a.—12

大映	鉄火奉行	六・一五	六・一六	
新東宝	鶴亀先生	六・一六	六・一七	
新東宝	ハワイ珍道中	六・一六	六・一七	
松井映画プロ	剣雲白蛾城	五・二一	六・一七	
大映	こんなアベック見たことない	六・一七	六・二一	
日活	泥だらけの青春	六・一八	六・二三	
大映	あゝ白虎隊	六・二一	六・二三	
松竹	浩吉ひばりのびっくり五十三次	六・二一	六・二三	
東映	唄ごよみいろは若衆	六・二二	六・二三	「投げ節弥之」の改題
松竹	江戸の夕《ゆう》映《ばえ》	六・二二	六・二八	
宝塚映画	恋風街道	六・二五	六・二八	
東映	旗本退屈男 幽霊船	六・二五	六・二九	「旗本退屈男 海を飛ぶ男」の改題
東映	笛吹童子姉妹篇 霧の小次郎 第一篇 金竜銀虎	六・二三	六・三〇	

東映	笛吹童子前後篇 霧の小次郎 第二篇 魔術妖術	六二三	六三〇
東映	〃 〃 完結篇 三日月童子	六二三	六三〇
大映	縁の仲間	六二八	六三〇

◎ 新作品 ………………………… 三八本

シナリオ数 ………………………… 三九本

内訳＝松竹 四 東宝 一 大映 九

新東宝 八 東映 一一（改訂版、一）

日活 二 南旺映画 一 東京映画 滝村プロ 一

松井映画プロ 一 宝塚映画 一

a—14

脚本審査概要

東京ロマンス 重盛君上京す	新東宝

製作　安達英三郎
原作　西沢実
〃　寺島信夫
脚本　岸松雄
監督　渡辺邦男

流行歌手を志して上京した青年をめぐる人情喜劇

希望事項なし

大岡政談 妖棋伝 第一部 白風の仮面 第二部 地獄谷の対決	新東宝

製作　柴田清一郎
〃　岡本良介
原作　角田喜久雄
脚本　橋本忍
〃　鏡二郎
監督　並木鏡太郎

権力と富を秘めた四枚の将棋の駒の争奪を描く時代探偵活劇

ℓ－1

希望事項なし

君死に給うことなかれ
東宝

製作 田中友幸
脚本 丸山誠治
　　 西島大
台詞 中村真一郎
監督 丸山誠治

原爆の傷手に悩む乙女をめぐるラブ・ロマンス

希望事項なし

黒い潮
日活

製作 高木雅行
原作 井上靖
脚本 菊島隆三
監督 山村聰

国鉄総裁轢死事件の真相を追求する新聞記者の苦心を描く

希望事項なし

潜水艦ろ号未だ浮上せず	新東宝

原案　高橋一朗
企画　島村達芳
脚本　新井一
〃　野村浩将
監督　野村浩将

太平洋戦争末期潜水艦乗組の士官と基地の科学者の娘の描く恋物語

希望事項なし

真白き富士の嶺	大映

企画　岡田熱
脚本　笠原良三
監督　佐伯幸三

江の島沖に遭難した高校ボート部員の悲劇をめぐる師弟愛と男女学生の哀歌を描く

α—3

希望事項なし

浅草の夜	大映

企画　根岸省三
〃　塚口一雄
原作　川口松太郎
脚本
監督　島耕二

姉妹の恋を中心に浅草の人情を描く

希望事項なし

恋しぐれ 浅間の火祭（「浅間しぐれ」の改題 自主改訂版）	東映

前回の希望事項をもいれての自主改訂版であるが　全体的にやくざ者礼讃にならぬよう（国家及社会２）　かつ殺人など残酷過度にならぬよう（法律１（イ））演出上注意を望ん

た

懐しのメロディー
第一部 二人は若い
第二部 あゝそれなのに
第三部 うちの女房にゃ髭がある

東映

企画 マキノ光雄
〃 吉野誠一
原作 サトウハチロー
脚本 村松道平
〃 結束信二
監督 津田不二夫

サラリーマン生活の明暗を三つの古い流行歌によせて描く三部作

第三部の末尾　夫婦であるが枕二つ並べてラストになるのは　やや性的暗示の傾きあり
これは特にそれと刺戟的に表現せぬよう演出上配慮の必要ある旨注意を望んだ（風俗１）
尚　この本題名は或いは改題されるやにも聞いたが　これはN・H・Kの呼びもの番組のひとつと同一であり　著作权などの点も注意して製作者側に於いて問題のないよう事前に接衝あることが望ましいことを念の為注意しておいた

新婚たくわん夫婦

松竹

製作 山口松三郎
原作 中村武志 「沢庵のしっぽ」より
脚本 長瀬喜伴
〃 富田義朗
監督 瑞穂春海

2－5

ようやく借家に入った新婚夫婦が相次ぐ押かけ同居人に悩まされるユーモラスな物語

希望事項なし

少年ケニア 第一部	南旺映画

原作　山川惣治
脚本
監督　岩沢庸徳

アフリカケニヤ地方の草原に於ける日本人少年の冒険物語

希望事項なし

投げ唄左門二番手柄 釣天井の佝僂男	大映

企画　高桑義生
脚本　高岩肇
監督　荒井良平

十代将軍暗殺の陰謀を暴く投げ唄左門の手柄ばなし

シーン48・58に見られる何れも暴力を以て女に迫る描写は　共に従来の限度を超えるものではないが　最近来　この種場面の頻出傾向にもかんがみ　敢て演出上十分なる協力を期待したい（風俗１）

嫁とよばれてまだ三月	大映

企画　辻　久一
脚本　野上徹夫
〃　松村正温
監督　天野　信

老若二組の新婚夫婦の愛情と善意の交錯から生じたまちがいを描く喜劇

希望事項なし

乾杯！女学生	新東宝

製作　杉原貞雄
脚本　赤坂長義
〃　京中太郎
監督　井上梅次

８－７

いたずら盛りの明朗な女学生の学園生活を唄と音楽で綴る物語

希望事項なし

やくざ囃子
東京映画 滝村プロ

製作　滝村和男
企画　竹中奈
原作　村上元三
脚本　松浦健郎
監督　マキノ雅弘

利根の川船に乗り合した旅鳥　浪人とその不具の妹をめぐる恋と人情と兄妹愛を描く

希望事項なし

月よりの使者
大映

製作　永田雅一
原作　久米正雄
脚本　八住利雄
監督　田中重雄

B−8

高原の療養所でりんどうの花と呼ばれた美しい看護婦と患者をめぐる恋愛メロドラマ

希望事項なし

関八州勢揃い	新東宝

製作　竹中美弘
脚本　池上金男
〃　椎名文
監督　安田公義

天保年間上州に関八州一の大親分大前田英五郎を中心に勢揃いした遊侠の群れが悪を懲す物語

8—9

やくざ讃美にならぬよう全般的に演出上の注意を希望した（国家及社会２）
尚細部では
（1）シーン12　白銀屋がお花にいどみかかる場面（風俗１）
（2）シーン10　賭場の描写（国家及社会２　法律１）
（3）シーン30　富五郎の仁義
（4）シーン14・16　忠次と小雪の英五郎礼讃の言葉

(5) シーン38　英五郎の科白の中「……天下遊侠の仁義にかけて……」

(6) シーン73　和尚の科白の中「……仁と義をおきてとする天下遊侠のあり方……」
英五郎の「……上州やくざの死にっぷりを……」

(7) シーン57〜63　旅人達が英五郎援助に馳けつける数々の場面

(8) シーン89　英五郎が白銀屋を斬る処「遊侠の仁義の為だ……」

（以上何れも国家及社会２）

道中悲記	東映

製作　大川博
企画　マキノ光雄
〃　小津安二郎
企画協力　溝口健二
原案　伊藤大輔
〃　井上金太郎
脚本　民門敏雄
〃　八尋不二
〃　三村伸太郎
監督　清水宏

緊縮時代の東海道を江戸に急ぐさまざまの人々の道中記

希望事項なし

8—10

爆笑天国とんち教室　東映

企画　松崎啓次
〃　斉藤安代
脚本　青木義久
〃　菜川作太郎
〃　窪田篤人
監督　渡辺邦男

滑稽な三人の青年にとんち教室の命運を絡らませた探偵喜活劇

希望事項なし

若旦那の青春　松竹

製作　大町龍夫
脚本　伏見晁
監督　萩山輝男

お菓子屋の若旦那の縁談を中心に若い人々の友情を描く

希望事項なし

鉄火奉行	大映

企画　高桑義生
原作　山手樹一郎
脚本　衣笠貞之助
〃　柳川真一
監督　衣笠貞之助

江戸末期の政治悪の犠牲となった与力の遺児が遠山左衛門尉に協力して悪を懲し父の志を貫く物語

シーン79　斬られた片腕（刀を握ったまま）の描写は止めて欲しい（法律1(イ)）

鶴亀先生	新東宝

製作　青柳信雄
〃　小坂隆文
原作　源氏鶏太
脚本　木村英一
監督　青柳信雄

上京した老先生とその教え子達の醸し出す人生悲喜劇

シーン32　ホテルの一室　隣りの部屋から聞えて来る会話の中
女声「課長さん　余りです　私これでもバージンです」
男声「そのバージンが欲しいんだ　そんなにすねないで此方へおいでよ」
は風俗上好ましからず改訂を希望した（風俗　１）

ハワイ珍道中	新東宝

製作　杉原貞雄
脚本　八住利雄
監督　斉藤寅次郎

ハワイに来演したジャズ・バンド一座をめぐって親子の情愛　ラヴロマンス　宝島の地図に絡まる珍冒険等を描く

希望事項なし

ℓ−13

剣雲白蛾城	松井映画プロ

製作 企画 松井常安
脚本 監督 末崎精二

城主の奥方と悪家老の陰謀によるお家騒動を解決する城主の甥と街道の小悪党達の活躍を描く

希望事項なし

こんなアベック見たことない	大映

企画 土井逸雄
脚本 根津八郎
監督 小松原力

親達の不和や横暴からもつれた二組の恋人達の仲が目出度く結ばれる迄をユーモラスに描く

希望事項なし

泥だらけの青春	日活

製作　浅田健三
脚本　新藤兼人
監督　菅井一郎
監修　吉村公三郎

一人の俳優の急激な浮沈の姿の中に人気稼業の悲劇を描く

希望事項なし

あゝ白虎隊	大映

企画　浅井昭三郎
脚本　八尋不二
監督　田坂勝彦

会津落城における白虎隊の悲劇を描く

希望事項なし

2―15

浩吉ひばりの
びっくり五十三次

松竹

製作 高木貢一
脚本 椎名利夫
〃 津路嘉郎
〃 永江勇
監督 野村芳太郎

唄が上手でのんきな旅烏と女世帯の宿屋の一家をめぐるユーモア時代劇

希望事項なし

唄ごよみ
いろは若衆
（「投げ節弥之」の改題）

東映

企画 福島通人
原作 子母沢寛
脚本 西条照太郎
監督 小沢茂弘

暗君の為に父を討たれて流浪する勤皇家の兄と投げ節の上手な弟の兄弟愛を描く

希望事項なし

ℓ－16

江戸の夕《ゆう》映《ばえ》	松竹

製作 岸本吟一
原作 大佛次郎
脚本 久板栄二郎
監督 中村登

官軍入城後の江戸を舞台に二人の対照的な性格の若い旗本を中心として混乱した社会の中に生きる人の信頼の美しさを描く

希望事項なし

恋風街道	宝塚映画

原作 山手樹一郎
脚本 若尾徳平

幕臣の家に生れながら官軍の密命を受けて江戸に下る青年とその許婚者にからまる正邪の葛藤を描く

シーン25　龍之助が早苗の帯を解き　長襦袢一枚にするところは演出上の注意を希望した（風俗２）

旗本退屈男 幽霊船 （「旗本退屈男 毒を盛る小男」の改題）
東昳

企画　西原孝
原作　佐々木味津三
脚本　鈴木兵吾
監督　佐々木康

大名のお家騒動解決に活躍する旗本退屈男と幕府の女隠密の手柄くらべ

シーン121　外記が冬姫に抱きついたりするところ　風俗上の点を十分に注意して演出して欲しい（風俗１）

笛吹童子姉妹篇 霧の小次郎 第一篇 金竜銀虎
東映

企画　マキノ光雄
〃　宮城文夫
原作　北村寿夫
脚本　小川正
監督　佐伯清

室町時代悪人に亡ぼされた宰相の遺児兄妹をめぐって展開する妖術合戦物語

(1) シーン11に於て見られる如く富子は将軍義光の妻として登場し　執权春貞と気脈を通じて義光より将軍職を奪い　後に春貞の妻となるが　この姦通関係は特に少年を対象として製作される本篇の如き作品に於ては適当でない　よろしく善処を希望したい。(教育2)

(2) 上記の観点からして　シーン12に於けるザレ歌　"女房とられて……"　"女房とったも……"　等は改訂を希望したい (教育2)

笛吹童子 姉妹篇 霧の小次郎 第二篇 魔術妖術	東映

(1) シーン127にみられる折檻の描写は惨虐に亘らぬよう注意を希望し (残酷醜汚2)

e—19

笛次童子姉妹篇 霧の小次郎 完結篇 三日月童子	東映

(1) シーン214の寝所場面は当然同衾の形を避けるよう希望する（風俗 2）

緑の仲間	大映

企画 三浦信夫
原作 井上靖
脚本 猪俣勝人
監督 森一生

え—20

電源開発疑獄に暗躍する事業家とそれを追求する新聞記者を中心に人間の善意と恋愛の機微を近代風俗の中に描く

希望事項なし

審査集計

	規程條項	関係脚本題名及希望個所数		集計
1	国家及社会	「恋しぐれ 浅間の火祭」	1	10
		「関八州勢揃い」	9	
2	法律	「恋しぐれ 浅間の火祭」	1	2
		「鉄火奉行」	1	
3	宗教	希望事項なし	0	0
4	教育	「勢の小次郎 第一篇 金竜銀虎」	2	2
		「懐しのメロデー 第二部 うちの女房にゃ髭がある」	1	
		「投げ唄左門二番手柄 釣天井の佝僂男」	1	

c−1

5	風俗	「関八州勢揃い」	1
		「鶴亀先生」	1
		「恋風街道」	1
		「旗本退屈男 海を飛ぶ男」	1
		「霧の小次郎 完結篇 三日月童子」	1
			7
6	性	希望事項なし	0
			0
7	残酷醜汚	「霧の小次郎 第二篇 魔術妖術」	1
			1

○希望事項総数……二二

C－2

審査映画一覧

○劇映画

審査番号	題名	会社名	巻数	呎数	製作	企画	原作	脚本	演出	主演
一三三七	昨日と明日の間	松竹	一三	一〇、七八二	山本武		井上靖	椎名利夫	川島雄三	鶴田浩二 淡島千景
一三五一	美男天狗党	〃	一〇	八、五五〇	岸本吟一		小川正	八尋不二	内出好吉	北上弥太郎 藤乃高子
一三七〇	黒い罌粟	〃	一一	九、二八九	大町竜夫		菊田一夫	池田忠雄	原研吉	三橋達也 角梨枝子
一三五六	次郎長三国志 第八部 海道一の暴れん坊	東宝	一三	九、二四七	本木荘二郎		村上元三	小川信昭 中原俊哉	マキノ雅弘	森繁久弥 越路吹雪
一三四四	晩菊	〃	一〇	九、一〇九	藤本真澄		林芙美子	田中澄江 井手俊郎	成瀬巳喜男	杉村春子 上原謙
一三八五	落語シリーズ 第三話 落語長屋お化け騒動	〃	九	八、二〇三	佐藤一郎		安藤鶴夫 岸本良衛	佐藤敏	青柳信雄	榎本健一 泉トモ子

一三五七	慕情	大映	一〇	八、九一〇		土井逸雄	富田常雄	棚田吾郎 舟橋和郎	佐伯幸三	菅原謙二 若尾文子
一三八三	知らずの弥太郎	〃	八	七、五六五		浅井昭三郎		加藤友一 菅沼完二	森一生	長谷川一夫 山根寿子
一三六二	噂の女	〃	一〇	七、八四〇		辻久一		依田義賢 成沢昌茂	溝口健二	田中絹代 久我美子
一三三五	春琴物語	〃	一二	一〇、二一〇			谷崎潤一郎	八尋不二	伊藤大輔	京マチ子 花柳喜章
一三八〇	母時鳥	〃	一〇	七、七一〇		塚口一雄	竹田敏彦	田辺朝二	枝川弘	三益愛子 南田洋子
一三一一	女の暦	新東宝	一一	九、〇三四	坂上静翁		壺井栄	井手俊郎 中河百々代	久松静児	田中絹代 香川京子
一三八九	母の秘密	〃	一〇	八、〇九一	安達英三郎			館岡謙之助	内川清一郎	轟夕起子 筑紫あけみ
一三六三	おとこ大学 婚前教育の巻	松竹	一一	九、七七二	大町竜夫		鹿島孝二	椎名利夫	田畠恒夫	佐田啓二 岸恵子
一三九八	東京ロマンス 重盛君上京す	新東宝	一〇	八、一七〇	安達英三郎		西沢実 寿島信夫	岸松雄	渡辺邦男	森繁久弥 新倉美子

一四一〇	乾杯！女学生	新東宝	一一	八、五一四	杉原貞雄			赤坂長義 京中太郎	井上梅次	雪村いづみ 南風洋子
一三六〇－三	里見八犬伝 第三部 怪猫乱舞	東映	五	四、六八九		玉木潤一郎	滝沢馬琴	村松道平	河野寿一	東千代之介 田代百合子
一三六〇－四	〃 第四部 血盟八犬士	〃	五	四、三八七		仝	仝	仝	仝	仝
一三六〇－五	〃 第五部 暁の勝鬨	〃	六	三、八八一		仝	仝	仝	仝	仝
一三四八	二挺拳銃の竜	〃	八	七、四七五		浅田健三 吉野誠一	下村千秋	高岩肇	小石栄一	河津清三郎 月丘千秋
一三六六	野ざらし姫 追東三十騎	〃	一〇	八、二一九		柳川武夫	山手樹一郎	西條照太郎 加藤泰	小沢茂弘	大友柳太郎 高千穂ひづる
一三七七	一本刀土俵入	〃	九	七、八一九		玉木潤一郎 宮城文夫	長谷川伸	犬塚稔 鈴木兵吾	佐々木康	片岡千恵蔵 高峰三枝子
一三六七	母恋人形	〃	一一	九、〇六一		依田一郎 原遺	竹田敏彦	館岡謙之助	伊賀山正徳	星美智子 松島トモ子
一三七一	弥次喜多 第一部 東海道の巻	〃	六	四、八四一		栄田清一郎		舟橋和郎	小杉勇	杉狂児 清水金一

c－5

一三七二	弥次喜多 第二部 高野山詣での巻	東映	五	四、三六〇		栄田清一郎		舟橋和郎	小杉勇	杉狂児 清水金一
一三七三	〃 第三部 木曽街道の巻	〃	五	四、三七二		仝		仝	仝	仝
一三二六	かくて夢あり	日活	一一	九、四九八	初田敬		大林清	猪俣勝人 小森静男	千葉泰樹	小林桂樹 宮城野由美子
一三五三	国定忠治	日活	一二	一〇、二五〇	星野和平			舟島隆三	滝沢英輔	辰巳柳太郎 津島恵子
一三四三	沓掛時次郎	日活	一一	八、九九二			長谷川伸	舟島隆三 井手雅人	佐伯清	島田正吾 水戸光子
一三六五	陽気な探偵	東京映画	一〇	八、二三四	三輪礼二			若尾徳平	西村元男	花菱アチャコ 横山エンタツ
一三九四	家庭の事情 おこんばんわの巻	宝塚映画	四	三、八〇六			三木鮎郎	大島玉樹	小田基義	トニー谷 毬るい子
一四一四	やくざ囃子	東京映画 滝村プロ	一〇	七、八二三	滝村和男	竹中春	村上元三	松浦健郎	マキノ雅弘	鶴田浩二 岡田茉莉子

c－6

○予告篇

一三三七－T	昨日と明日の間	松竹		
一三七〇－T	黒い罌粟	〃		
一三六三－T	おとこ大学	〃		
一三九二－T	佐七捕物帖 刺青女難	〃		
一三五六－T	次郎長三国志第八部 海道一の暴れん坊	東宝		
一三四四－T	晩菊	〃		
一三八五－T	落語シリーズ第三話 落語長屋お化け騒動	〃		
一三六五－T	水着の花嫁	〃		
一三八三－T	大映ニュース 第三二四号	大映		知らずの弥太郎
一三六二－T	〃 第三二五号	〃		噂の女
一三三五－T	〃 第三二六号	〃		春琴物語
一三八〇－T	〃 第三二七号	〃		母時鳥 浅草の夜（特報）

c－7

一三八九―T	母の秘密	新東宝		
一三九八―T	東京ロマンス 重盛君上京す	〃		
一四一〇―T	乾杯！女学生	〃		
一四二一―T	関八州勢揃い	〃		潜水艦ろ号未だ浮上せず（特報）
一三六〇―四―五T	里見八犬伝 第四部 血盟八犬士	東映		
	〃 第五部 暁の勝鬨	〃		
一三六六―T	野ざらし姫 追妻三十騎	〃		
一三七七―T	一本刀土俵入	〃		
一三六七―T	母恋人形	〃		
一三七一―T	弥次喜多	〃		
一三七八―T	若者よ恋をしろ	〃		
一三二六―T	かくて夢あり	日活		
一三五三―T	国定忠治	〃		

― 8

一三四三－T	香料時次郎	〃		
一三六五－T	陽気な探偵	東京映画		
一四一四－T	やくざ囃子	東京映画 滝村プロ		

○併映短篇

E－九五四	神奈川ニュース NO 80	神奈川ニュース映協	一	七五〇
E－九六二	〃 NO 81	〃	一	七五〇
E－九五三	中日ニュース NO. 19	中日クラブ	一	八〇〇
E－九五七	〃 NO 20	〃	一	八〇〇
E－九六五	〃 NO 21	〃	一	八〇〇
E－九七〇	〃 NO 22	〃	一	八〇〇
E－九七七	〃 NO 23	〃	一	八〇〇
E－八八五	札幌市政だより NO. 13	北日本映画	一	八〇〇

E-九三九	札幌市政だより NO.15	北日本映画	一	八〇〇	
E-九四二	お父さんの贈物	日映科学映画	一	七九〇	
E-九五〇	腐敗	〃	一	四八〇	一六ミリ
E-九五六	谷間の歴史	日映	三		関西電力株式会社企画
E-九三二	横浜名物？	国際スクリーンガイド	一	三五〇	
E-九五八	東京へ決調六〇〇台	電通	一	二〇〇	
E-九六三	グライダー	アートニュース映画社	二	一、六五〇	
E-九六九	上椎葉水力発電所建設記録 本工事篇 第二集	新理研	二	一、九一三	
E-九七二	ひょっとこ飛脚	桜映画 ミツフファイルム	八	六、三〇〇	

○スポーツ・ニュース

P-三一五	ムービータイムズ 第三一五号	プレミア			
P-三一六	〃 第三一六号	〃			

P-三一七	〃	第三一七号	〃		
P-三一八	〃	第三一八号	〃		

○完成映画数……………………三二本

内訳　松竹　四　東宝　三　大映　五

新東宝　四　東映　一〇　その他　六

○それらの予告篇……………………二七本

内訳　松竹　四　東宝　四　大映　四

新東宝　四　東映　六　その他　五

○併映短篇……………………一七本

○スポーツニュース……………………四本

C-11

映画審査概要

○該当希望事項なし

宣伝広告審査概要

◎ 審査終了した宣伝材料

スチール ……………… 一、二三一枚
プレス ……………… 二五枚
ポスター ……………… 五三枚
撮影所通信 其の他 ……………… 五七枚

◎ 使用中止方希望したもの

影法師一番手柄　東映
妖異忠臣蔵

本映画のスチール中 首つり女（高山深雪）の死体と武士（市川右太衛門）が調べる場面は 惨酷の感を与えるので使用中止方を希望した
（なおポスターに本スチールを使用したい旨申入れがあったが 女の死体の下半身のみを使用する様希望し 諒解を得た）

C―13

各社封切一覧

封切月日	審査番号	題名	製作会社	備考
○松竹				
六月一日	一三五六	東浪人日和	松竹	
六月八日	一三五四	青草に坐す	〃	
六月十五日	一三三七	昨日と明日の間	〃	
六月二十二日	一三五一	美男天狗党	〃	
六月二十九日	一三七〇	黒い罌粟	〃	
○東宝				
六月一日	一〇〇三	かくて自由の鐘は鳴る	東宝	
六月八日	一三五六	次郎長三国志第八部 海道一の暴れん坊	〃	
	一三四六	若き血は燃えて	池田プロ	

六月十五日	一三三〇	魔子恐るべし	東宝
六月二十二日	一三四四	晩菊	〃
六月二十九日	一四一四	やくざ囃子	東京映画 滝村プロ
○大映			
六月一日	一三四五	十代の秘密	大映
六月七日	一三五七	慕情	〃
六月十四日	一三八三	知らずの弥太郎	〃
六月二十一日	一三六二	噂の女	〃
六月二十七日	一三三五	春琴物語	〃
○新東宝			
六月一日	一三七〇	アジャパー金比羅道中	大千プロ
	一二〇六	嵐の青春	中井プロ
六月八日	一三一一	女の暦	新東宝

六月十五日	一三八九	母の秘密	新東宝	
六月二十二日	一三九八	東京ロマンス 重盛君上京す	〃	
六月二十九日	一四一〇	乾杯！女学生	〃	
○東映				
六月一日	一三一六―二	鳴門秘帖 后篇	東映	
	一三六〇	里見八犬伝 第一部 妖刀村雨丸	〃	
六月八日	一三四八	二挺拳銃の竜	〃	
	一三六〇―二	里見八犬伝 第二部 芳流閣の竜虎	〃	
六月十五日	一三六六	野ざらし姫 追妻三十騎	〃	
	一三六〇―三	里見八犬伝 第三部 怪猫乱舞	〃	
六月二十二日	一三六七	母恋人形	〃	
	一三六〇―四	里見八犬伝 第四部 血盟八犬士	〃	
六月二十九日	一三七七	一本刀土俵入	〃	

C―16

六月二十九日	一三六〇一五	里見八犬伝 第五部 暁の勝関	〃
○其他			
六月二十二日	一三〇六	ともしび	キヌタプロ
六月二十七日	一三三三	国定忠治	日活
	一三二六	かくて夢あり	〃

c—17

審査記録索引（五四号―五九号）

◎松竹

題名	脚本 号	脚本 頁	改訂版 号	改訂版 頁	映画 号	映画 頁	宣伝 号	宣伝 頁
開化書生節	54	a-5						
慶安水滸伝	54	a-5						
春の若草	54	a-9			55	c-10		
股旅しぐれ	54	a-11						
伊豆の踊子	54	a-18						
丸ビル乙女	54	a-18						
女の園	54	a-20			57	c-18		
陽のあたる家	55	a-7						
若き日の誘惑	55	a-1						

題名	脚本 号	脚本 頁	改訂版 号	改訂版 頁	映画 号	映画 頁	宣伝 号	宣伝 頁
風雨強かるべし	55	b-3						
風来坊	55	b-3						
真実一路	55	b-4						
濡れ髪権八	55	b-4			56	c-11		
青春花形選手	56	b-4						
人肌千両	56	b-7						
恋愛パトロール	56	b-12						
君の名は 第三部	56	b-13						
陽は沈まず	56	b-13						
裸形家族	57	a-7						

鉄竜に寄せる頌歌	57	b-14		
怪盗三人吉三	57	b-15	58	c-13
昨日と明日の間	58	b-2		
スタジオは大騒ぎ	58	b-3		
美男天狗党	58	b-3		
腰抜け狂騒曲	58	b-5		
青草に坐す	58	b-5		
最后の江戸ッ子	58	b-9		
おとこ大学 婚前教育の巻	58	b-10		
素浪人日和	59	a-6		
黒い罌粟	57	a-7		
蛍草	59	b-1		
刺青女難	59	b-11		

青春前期	59	b-11				
◎東宝						
伊津子とその母	54	a-6				
皇女和の宮	55	a-7				
落語長屋は花ざかり	56	b-2				
牧師三四郎	56	b-2				
わたしの凡てを	56	b-9				
闇を素飛ぶ男	56	b-11				
魔子恐るべし第二部	57	a-10				
芸者小夏	54	a-16	57	c 13	57	c-19
暁　菊	58	a-7				
夏祭り落語長屋	58	b-1				
次郎長三国志第八部	58	b-7				

c-19

◎大映												
水着の結婚式	続磨子恐るべし	宮本武蔵	落語シリーズ第三話 落語長屋 お化け騒動	次郎長三国志第九話 荒神山		雪の夜の決斗	心の日月	こんな別嬪見たことない	落花の門	金色夜叉	妻恋黒田節	四人の母
58	58	59	59	59		54	54	54	54	54	54	55
b-10	b-12	b-3	b-6	b-10		a-8	a-15	a-15	a-17	a-19	a-22	a-4
											56	
											c-11	
美しき鷹	お菊と播磨	五ツ木の子守唄	阿波おどり狸合戦	舞妓物語	花のいのちを	酔いどれ二刀流	愛染かつら	花の長脇差	殴り込み孫悟空	こんな美男子見たことない	春琴物語	十代の秘密
55	55	55	56	56	56	56	57	57	57	57	57	58
a-4	a-1	b-10	b-2	b-10	b-14	b-18	b-1	b-7	b-9	b-10	b-14	b-1
						57						
						b-5						
							58					
							c-13					

c-26

死美人屋敷	58	b−4	
慕情	58	b−8	
蛍草	58	b−9	
花の密使	59	a−5	
田時鳥	59	b−3	
知らずの弥太郎	59	b−5	
怪猫岡崎騒動	59	b−5	
◎新東宝			
花と波濤	54	a−7	
鯉名の銀平	54	a−7	
月夜桜	54	a−14	
君ゆえに	55	b−2	57 c−15
江戸城炎上	55	b−8	
花祭り 底抜け千一夜	55	b−9	
恋慕笠	56	b−5	
大阪の宿	56	b−5	
東京シンデレラ娘	56	a−11	
暦	57	a−6	
処女合戦	57	a−8	57 c−18 / 57 c−20
一等マダムと三等旦那	57	a−8	
剣侠江戸紫	57	b−13	
宝さがし百万両	57	b−17	
けれども私は	59	b−4	
田の秘密	59	b−9	
◎東映			
旗本退屈男 どくろ屋敷	54	a−11	

c—21

南国太平記	54	a－19		
花と竜　第一部	54	a－20		
〃　第二部	54	a－20		
侠文水滸伝	55	a－5		
殴り込み二十八人衆	55	a－7	56	c－11
謎の黄金島	55	b－2		
薩南国太平記 / 薩南の嵐	55	b－5		
水戸黄門漫遊記	55	b－7	56	c－12
疾風愛憎峠	56	b－3	57	c－16
学生五人男	56	b－9	57	c－16
雪之丞変化	56	b－12		
血ざくら判官	56	b－17		
妖異忠臣蔵	57	a－6		
女海賊と戦う	57	b－2	58	c－13
少年姿三四郎	57	b－3		
風雲東海道	57	b－3		
黄金街の覇者	57	b－6		
副将軍初上り	57	b－8		
暁の三十八番斬り	57	b－12		
笛吹童子	57	a－13		
悪魔が来りて笛を吹く	57	b－16		
三代目の若旦那	57	b－17		
唄しぐれおしどり若衆	58	b－2		
桃源の鬼	58	b－4		
二挺拳銃の竜	58	b－6	59	a－4
鳴門秘帖	58	b－8		

b－22

作品				
南総里見八犬伝	58	a−10	59	c−11
野ざらし姫 追妻三十騎	58	b−11		
母恋人形	59	a−4		
一本刀土俵入	59	a−7		
弥次喜多	59	a−8		
若者よ恋をしろ	59	b−2		
浅間しぐれ	59	b−6		
◎その他				
唐人お吉（京映プロ）	54	c−8		
よい婿どの（東京映画）	54	a−10		
ひよどり草紙（新芸術プロ）	54	a−12		
若夫婦は朝寝坊（池田プロ）	54	a−12	54	b−15
鞍馬天狗斬り込む（宝塚映画）	54	a−13		
勲章（俳優座）	55	a−21	58	c−14
魔窟（新理研）	55	a−5		
日蓮聖人（明星プロ）	55	b−6		
狙われた裸像（新東京プロ）	55	b−6		
美しい人（ダヴィット・プロ）	56	b−1		
ウッカリ夫人とチャッカリ夫人（東京映画）	56	b−6		
足摺岬（近代映協）	56	a−8		
どぶ（近代映協）	56	b−9		
太陽のない街（新星映画）	56	b−14		
妖鬼屋敷（宝塚映画）	56	b−15	57	c−17
家庭の事情 馬鹿じゃなかろかの巻（宝塚映画）	56	b−15		
花吹雪御存じ七人男（新芸術プロ）	56	b−16	57	c−17
嵐の青春（中井プロ）	56	b−16		

c −23

ママの新婚旅行（永和プロ）	57	a-9
続家庭の事情 さいざんすの巻（宝塚映画）	57	b-4
虹の谷（第一協団）	57	b-7
国定忠治（日活）	57	b-8
風流あじろ笠（宝塚映画）	57	a-15
かくて夢あり（日活）	57	b-16
香掛時次郎（日活）	57	b-18
嵐立ちぬ（東京映画）	58	a-7
若き日の血は燃えて（池田プロ）	58	a-8
陽気な探偵（東京映画）	58	b-11
ともしび（キヌタ・プロ）	58	b-12
愛（富士プロ）	59	a-6

弥次喜多 金比羅道中（大千プロ）	59	b-1
学生心中（日活）	59	b-4
愛と死の谷間（日活）	59	b-7
鞍馬天狗 雁のたより（宝塚映画）	59	b-8
姿なき暮走（全映プロ）	59	b-9
家庭の事情 おこんばんわの巻（宝塚映画）	59	b-10
〃 ねちよりんこんの巻（宝塚映画）	59	b-12

C—24

映画倫理規程審査記録　第六〇号

昭和二十九年七月十日発行

発行責任者　池田義信

東京都中央区築地三ノ六

映画倫理規程管理部事務局

電話築地(55)二八〇二
〇六九六番

映画倫理規程審査記録

第61号

※収録した資料は国立国会図書館の許諾を得て、デジタルデータから復刻したものである。
資料への書き込み、破損・文字の掠れ・誤字等は原本通りである。

61

映画倫理規程

審査記録

29. 7. 1.～29. 7. 31.

映画倫理規程管理委員会

目次

管理部記事

○社會各層の代表

映倫を支持激励

映画と青少年問題懇談会開かる

映倫主催の下に企画されました「映画と青少年問題に関する懇談会」は　七月二十二日（木）午后二時から　社会各方面の関係代表者を招き新橋倶楽部に於て開催されました。

当日は家庭裁判所　最高検察庁　新発足の警察庁　警視庁　内閣の中央青少年問題協議会　文部省　厚生省　東京都教育庁関係の担当者　婦人団体代表　学校教育者等　凡そこの問題に対する有識経験者の各層を網羅し「映画倫理規程」側からも　池田副委員長のほか管理委員　専門審査員の代表らが出席　刻下の社会的問題たるこの案件に対し　あらゆる観点から根本的検討が加えられましたが　出席諸氏からも種々の貴重な調査データが提示され　これに対する具体的対策意見の交換が行われました。

特に犯罪の面より見た映画の影響は　数字的に見れば極めて僅少であることが説明されましたが　一般の社会事象と同様に映画の影響力はプラス・マイナス両面に於て　極めて重要でありますため　優良映画に対する推奨と思わしからぬ映画に対する不見運動が一応

a—1

の原則として認められ　最後に池田副委員長より述べられました映倫による青少年向映画選定を含む諸対策につきましては　映倫の地歩を一層確定化するものとして満場の賛意が示され、映倫に対する一層の支持協力を表明して午后四時半散会致しました。

当日の出席者は左の通りであります。

（当方出席者）

映画倫理規程管理委員会副委員長　池田義信
〃　委員　手塚栄一
〃　専門審査員　小林勝
〃　管理部　萩原光雄

×　×　×

出席名簿（敬称略　順不同）

家庭裁判所判事　佐々木刲視
最高検察庁検事　大津民蔵
警察庁刑事部防犯課長　藤本好雄
警視庁防犯部保安課　浅川良三

、
少年課　瀧井四郎

総理府内閣審議室　瀧本邦彦

文部省社会教育局視聴覚教育課長　木田宏

青少年教育分科審議会委員　関野嘉雄

中央児童福祉審議会委員　高島巌

東京都教育庁青少年教育課長　織戸勝雄

東京都教育庁視覚教育課長　長谷川和夫

地婦連少年部長（代理）　小柴美知

婦人団体文化の会　吉井千賀子

東京都新宿商等学校長　落合矯一

○映画と青少年問題対策研究協議会を設置

映画と青少年問題対策として　かねて映倫が実施して参りました方策の一環は前記の通り七月廿二日　新橋クラブに於ける映倫主催の「映画と青少年問題に関する懇談会」として実現されましたが　更に翌廿三日　管理委員会に於てこの問題の処理に当る施策として「映画と青少年問題対策研究協議会」を設置し　進んでその解決を促進することになりました。構成員　研究題目等につきましては　詳細決定に到ってはおりませんが　廿二日の

懇談会の成果と　その席上開陳されました各方面の情勢を勘考し　管理委員会として適切な具体策がたてられる予定であります。

○　興連会長よりの要望書接受

日本興行組合連合会々長より七月五日附を以て青少年に対する映画の影響性を強調して映倫審査の慎重を期待し　製作関係の努力を要望致しました管理委員会委員長宛の書簡を接受致しましたので　これを関係方面に傳達致しますと共に　委員会としましてもその意向を参酌致しまして万全の措置を講ずることとなりました

審査脚本一覧

社名	題名	受付日	終了日	備考
東宝	新鞍馬天狗 第一部	六、二八	七、一	
東京映画	その後のウッカリ夫人とチャッカリ夫人	六、二九	七、一	「続ウッカリ夫人とチャッカリ夫人」の改題
今村プロ	娘ごころは恥づかしうれし	七、三	七、七	
東宝	土曜日の天使	七、三	七、七	
東映	水戸黄門漫遊記 地獄極楽大騒ぎ	七、五	七、七	
東宝	密輸船	七、五	七、七	
松竹	天下御免の恋	七、六	七、七	
新東宝	日本の虎	七、七	七、八	
東宝 リゾーリ 提携	蝶々夫人	七、七	七、八	
東宝	ゴジラ	七、七	七、八	

a—5

松竹	忠臣蔵 花の巻 雪の巻	七・七	七・一二	
日活	平手造酒	七・	七・一二	
東映	暗黒街の脱走	六・二二		
東映	〃（改訂版）	七・六	七・一四	
東映	蛇姫様 第一部	七・五	七・一四	
東映	〃 第二部	七・五	七・一四	
東映	〃 第三部	七・五	七・一四	
大映	ひえつき哀歌	七・一二	七・一四	
ニッポンプロ	芸者秀駒	六・三〇	七・一五	
松竹	君に誓いし	七・一四	七・二〇	
新東宝	石中先生行状記 青春無銭旅行	七・三	七・二一	
東宝	恋愛特急	七・一九	七・二一	
青年俳優プロ	億万長者	七・一	七・二三	

東映	犬神家の謎 悪魔は踊る	七 一四	七 二四	
新東宝	東尋坊の鬼	七 二一	七 二六	
東映	花かるた 八百屋お七	七 二三	七 二七	
東映	流学生五人男 第一部	七 二一	七 二八	
東映	第二部	七 二一	七 二八	
東映	第三部	七 二一	七 二八	
瀧プロ	恐怖のカービン銃	七 二六	七 二八	「カービン銃の戦慄」の改題
大映	銭形平次捕物控 幽霊大名	七 二六	七 二八	
大映	此村大吉	七 二六	七 二九	
大映	赤穂浪士	七 二六	七 二九	
東宝	夫《め》婦《おと》善《ぜん》哉《ざい》	七 二七	七 三〇	
東宝	うれし恥し看板娘	七 二八	七 三〇	
東映	人生劇場 望郷篇 三州吉良港	七 二三	七 三一	

a—7

◎新作品……三四本

シナリオ数……三五本

内訳＝松竹　三　東宝　七　大映　四

新東宝　三　東映　一二（内改訂版　一）　日活　一

東京映画　一　今村プロ　一　ニッポンプロ　一

青年俳優プロ　一　熾プロ　一

a—8

脚本審査概要

新鞍馬天狗 第一部	東宝

製作 大佛次郎
〃 渾大防五郎
原作 大佛次郎
脚本 松浦健郎
監督 青柳信雄

新選組の密使に化けて大阪城中に乗込んだ鞍馬天狗の冒険物語

希望事項なし

（「続ウッカリ夫人とチャッカリ夫人」の改題）その後のウッカリ夫人とチャッカリ夫人	東京映画

製作 三輪礼二
企画 新井一
原作 ラジオ東京連続放送劇
脚本 笠原良三
監督 春原政久

e—1

サラリーマン生活の明暗を描く喜劇

希望事項なし

娘ごころは恥づかしうれし
今村プロ

製作　金田良平
脚本　氷末重明
監督　小森白

旅館の手伝いに傭われた三人のアルバイト学生と旅館の一人娘をめぐるユーモラスな恋愛劇

希望事項なし

土曜日の天使
東宝

製作　滝村和男
原作　中野実
脚本　梅田晴夫
〃　山本嘉次郎
台詞　三木鮎郎
監督　山本嘉次郎

8―2

無教養な成金一家に住込んだ美しい家庭教師の捲起す波紋を描く音楽喜劇

希望事項なし

水戸黄門漫遊記 地獄極楽大騒ぎ	東映

企画　玉木潤一郎
脚本　尾形十三雄
監督　伊賀山正徳

邪悪の正体を暴いて不幸な姉弟を救う光国主従の活躍物語

希望事項なし

密輸船	東宝

製作　本木荘二郎
原作　高野龍雄
脚本　小国英雄
〃　宮田輝明
監督　杉江敏男

麻薬密輸の実態と捜査当局の苦心を自ら麻薬の犠牲となった一海上保安官の悲劇を中心に描く

(1) 麻薬の害並びに密輸に対して海上保安官が積極的に活躍する話であるから　麻薬の名（ヘロイン）が出るのは止むを得ないが　必要限度以上に出ないようにして戴きたい（例　シーン58「純粋ヘロインだ」は可　シーン64「主人がヘロインに……」はぼかされたい）（法律1（2））

(2) 従って注射行為もあってもいいが演出上には注意されたい　（法律1（2））

(3) 麻薬製造の過程も簡略化されたい　（法律1（2））

(4) 一六ミリ映画上映の場面は　猥褻なる画面を使用しないよう希望する　（風俗1）

天下御免の恋	松竹

製作　保住一之助
原作　甲斐克彦
脚本　津路嘉郎
監督　尾崎甫

好敵手である二人の柔道家をめぐる恋愛劇

希望事項なし

日本の恋
新東宝

製作　柴田万三
原作　大林清
潤色　阿木翁助
脚本　菜山栄
監督　内川清一郎

共に柔道に生きる兄弟の愛情を描く

希望事項なし

蝶々夫人
東宝 リゾーリ 提携作品

脚本　カルミネ・ガローネ
〃　森岩雄
監督　カルミネ・ガローネ

歌劇「お蝶夫人」の映画化

國民感情（我々の）と云う点を考慮してスーパーに用いられる言葉に十分注意して戴きたいと希望した　（国家反社会 3）

ゴジラ	東宝

製作　田中友幸
原作　香山滋
脚本　村田武雄
〃　本多猪四郎
監督　本多猪四郎

突如太平洋上に現われ東京を蹂躪した巨大な怪獣と科学陣の斗いを描く

希望事項なし　但し保安隊（自衛隊）等の取扱いについては製作者に於て遺漏なきを期せられたい

忠臣蔵　花の巻　雪の巻	松竹

総指揮　大谷竹次郎
製作　大谷隆三
〃　高村潔
製作補　高木貢一
〃　市川哲夫
原作　村上元三
〃　加田三七
脚本　依田義賢
監督　大曽根辰夫

赤穂浪士の討入りを大石内蔵助の苦衷を中心に描く

(1) 瑤泉院の討入讃美の台詞　その前の寺阪の「めでたく」などをやめて欲しい（国家及社会 2）

(2) 討入決行以后の描写に　讃美的刺戟的でないよう注意して演出上の配慮を願いたい（国家及社会 2）

(3) 宣伝に関しては　従来の「忠臣蔵」的な印象を与えぬよう注意してやって戴きたい
念のため附言するならば　これは純粋な復讐的行動であり　それ自体として肯定出来ぬものであるが　御政道の非をただすと云う　一応批判的なとりあげ方のなされている点　脚本に関する限りはこのままとすることにした

なお　さらに改訂稿が提出されたことを附言する

平手造酒	日活

製作　星野和平
脚本　菊島隆三
監督　滝沢英輔

病いに前途を閉ざされて 博徒の用心棒に転落して行った幕末の名剣客の悲劇

(1) シーン47 造酒の台詞「飢じい時にゃ 不味いもの無しだ」は性的交渉を余り具体的に暗示するので もっと具体的でない適当な言葉に変えられたい（風俗1）

(2) シーン53 良海の台詞「女郎買いも出来んのじゃ」は冗談であることは分るが 僧侶であるので 一応遠慮して削除して欲しい（宗教2）

(3) 尚一般的に 造酒が血を吐く描写は醜悪にならぬよう演出されたい（残酷醜汚7）

以上三点を希望した

暗黒街の脱走	東映

企画 三上訓利
原作 戸川幸夫
脚本 高岩肇
監督 小石栄一

暗い過去から逃れられないファッションモデルと彼女の為に悪の世界に陥ち込んだ青年との悲恋を描く

第一稿に次ぎ 改訂版が提出されたので審査は改めて改訂版によることにした

(1) シーン9 ストリップ看板 及びシーン12 ストリップ楽屋 シーン35 ストリップ

舞台は夫々従来の線を超えざるよう　（風俗　一）

(2) 尚　本篇後半に於ける主役両名（洋子と譲二）の処理につき　その正義感がその意に反し分明ならざる嫌いがある　依って演出上　例えばシーン73　101　114等の扱いを通じ善処を希望した　（法律　一）

蛇姫様　第一部	東映

企画　柳川武夫
原作　川口松太郎
脚本　西條照太郎
監督　河野寿一

病床の領主に代って藩政を預る姫君と密貿易で私腹を肥す悪家老の正邪の葛藤を描く

希望事項なし

蛇姫様　第二部	東映

シーン245　247　216を通じて描写されている　お島に挑む清二郎は演出上　劣情刺戟に亘らぬよう注意されたい　（風俗　2）

蛇姫様　第三部	東映

シーン384　新婚初夜の場合は　作の性質上　特に問題はないが　それにしても　初夜の室内描写は清潔なものでありたい（風俗２）

ひえつき哀歌	大映

企画　中野繁雄
脚本　笠原良三
〃　須崎勝弥
監督　西村元男

恋ゆえに旅廻りの一座を救い　不慮の罪を犯す流行歌手の悲劇

希望事項なし

芸者秀駒	ニッポンプロ

製作　山田典吾
協力製作　今泉善珠
〃　荒生利京
企画　松崎啓次
原作　菊田一夫
脚本　菊田一夫
〃　木村重夫
監督　佐藤武

6―10

汚水の渦中に弄ばれた二人の芸妓が事件を契機花街を去って新しい生き方を求めようとする物語

希望事項なし

君に誓いし	松竹

製作 長島豊次郎
原作 小糸のぶ
脚本 沢村勉
監督 田畠恒男

繊維会社のファッション・ショウをめぐる人々の織りなすメロドラマ

希望事項なし

石中先生行状記 青春無銭旅行	新東宝

企画 山崎喜暉
原作 石坂洋次郎
脚本 館岡謙之助
監督 中川信夫

既刊中の小説家石中先生が中学時代の無銭旅行で遭遇した種々の冒険談

この脚本は風流滑稽譚を描くことに重点を置かれているように感じられるのであるが

そのため 倫理規程としては 全体として風俗上の点に於て 又教育上の面からも甚だ

好ましからず　そこでこのような風流滑稽譚そのまゝの映画化と云うのでなく　映画倫理規程とその従来の慣例を一応前提とした映画化であるよう脚本の改訂を希望した　これに対して製作者側では脚本は直ちに全面的に改訂はしないが　演出上十分に注意し又然るべく部分的改訂を行い　そしてその倫理規程の面において無難であるという成果は完成映画に於いて認めて貰いたいとのことであるので　一応脚本の全体的な改訂と云う当方の希望については　そのまゝ完成映画に於ける試写の日まで保留とし　次の如き部分的な改訂　或いは演出上の注意に対する希望事項に対して十分に了解を得ておいた

(1) シーン11　29に至る学生二人が見た農家の若夫婦の昼間干草の上で相撲をとる云々　或いは学生が神様に化けてこの件に関し嫁と姑をからかうくだりなど然るべく卑猥な感じでないように改訂　及び十分に演出上の注意を願いたい　（風俗　1）

(2) シーン28　丸山が、屁をひるからなゝと通告して思いきり一発とあるところ　これは止めて戴きたい　（風俗　2）

(3) シーン31　丸裸の女の子が出て来るとあるが　丸裸は困ると思う止めて欲しい　（風俗　2）

(4) シーン42　薄暗い室に寝床が二つ敷かれ　そこに芋酋長が赤襦袢の酌婦を膝にのせているとあるところ　このようなところへ寝床が出て来るのは止めて戴きたい　この二人のラブシーンについても　風俗上の点で演出上十分に注意して貰いたい　（風俗2）

(5) シーン65　丸山とトセ子が一緒に部屋で寝ているところ　このようにことこまかに描写されては　甚だ挑発的で困るから出来る限り簡略にそして風俗上の点でも　十分演出上の注意をして戴きたい　（風俗　2）

恋愛特急	東宝

製作　山本紫朗
〃　宇佐美仁
脚本　松浦健郎
監督　杉江敏男
〃　鈴木英夫

若いレヴィユーのワンサガール三人の夢と悲愛を描く

希望事項なし

億万長者	青年俳優プロ

企画　本田延三郎
脚本 監督　市川崑
脚本協力　安部公房
〃　横山泰三
〃　長谷部慶次
〃　和田夏十

善良で小心な一税務署員を中心に描く世相諷刺喜劇

a—13

この中に取りあげられている税務署関係の描写の態度にやや国民の納税意欲を阻害するかめ心配もみえるので　これはたとえ喜劇的なカリカチュアとしても　演出上注意してやってほしいと思われる　その点Ｓ30のナレーションでは「一部の税務署員」はと云う風に訂正してもらい　Ｓ34の同上ナレーションでも「上役や同僚のなかには」と部分的になおしてもらったり　またＳ57の看護婦の台詞「税務署よ　ほっときましょう」は軽い喜劇的捨台詞ではあるが　すこしゆきすぎであろう　これらの点を訂正注意してもらうことにした

要は　全体的に税務署軽視となってはこまるのである（法律１）（三ヶ所）

Ｓ６の羽田飛行場のバックに在る飛行機は　会社名　国籍は不明にしフィクションにしてもらいたい　あと事故で墜落するからである（国家及社会２）

Ｓ21　山子の台詞の傷害保険と課税の件は　保険事業を誤解させないよう表現してほしいたとえこれが無知な言葉にしろ　そのように印象づけることがあってはならない（法律１
教育２）

Ｓ88　差押証紙をはんが引きむしることはいいとしても　子供にそれを是認するのはややゆきすぎである　演出上　注意してほしい（法律１）

なお　全体がかかる批判的な喜劇ではあるが　演出如何によってさらに意外な効果もうまれかねないので　ラッシュを一應見ることに相談の上きめた

ℓ—14

犬神家の謎 悪魔は踊る	東映

企画　玉木潤一郎
〃　田口直也
原作　横溝正史
脚本　高岩肇
監督　渡辺邦男

十億円の遺産相続に絡まる遺族の葛藤から生じた殺人事件を解決する金田一耕助探偵の活躍篇

(1)「青酸ソーダ」は化学名に代えて欲しい　殺人方法の直接的な暗示にならないように（法律1）

(2)シーン51　輔武の珠世強迫は　演出上注意してやって欲しい（風俗1）

(3)シーン83　輔智の珠世を裸体にしようとする件　演出上注意して欲しい（風俗2）

東尋坊の鬼	新東宝

企画　津田勝二
原作　梶野悳三
脚本　小川正
監督　志村敏夫

L—15

沈没船の引揚をめぐる漁村とサルベージ会社のあらくれ男達の争いを描く

希望事項なし

花かるた 八百屋お七	東映

企画　福島通人
原作　樋口大裕
　　　実一兵
脚本　舟橋和郎
監督　松田定次

お七吉三が悪商人と悪役人の奸計を暴いて目出度く結ばれる物語

(1) シーン50　竹がお千代に対して暴力をもって関係を結ばんとするシーンは刺戟的にならぬよう演出上の注意を願いたい（風俗 1）

(2) シーン55　千太郎がお春にくすぐられて泣いたりわめいたりする処も風俗上いかがわしき感じにならぬよう演出上の注意を希望する（風俗 1）

8—16

続学生五人男 第一部	東映

企画　マキノ光雄
〃　吉野誠一
脚本　棚田吾郎
〃　舟橋和郎
〃　結束信二
監督　小林恒夫

陽気な五人のアルバイト学生の冒険を描く三部作

希望事項なし

続学生五人男 第二部	東映

シーン149　ストリップレヴィウ場面は演出上注意希望した（風俗2）

続学生五人男 第三部	東映

8－17

シーン246　ストリップまがい舞踊は演出上注意希望した（風俗 2）

恐怖のカービン銃 （「カービン銃の戦慄」の改題）
城プロ

製作　佐川滉
脚本　浅野辰夫
監督　田口哲

保安庁の係長夫妻を監禁脅迫して多額の公金を奪ったカービン銃ギャング事件実録の映画化

この脚本は未定稿のまゝ提出されたので　倫理規程に甚だ非協力的な部分などあり（それはギャング映画探偵映画がこれら犯人の犯罪教科書であった云々の個所であるが）そのため　製作者側より釈明があり　改訂版の提出があって始めて審査を行った次第であるが　この改訂版において次の如き個所の改訂　或いは演出上の注意を希望した

(1) シーン63　ギャング映画　探偵映画　ジャズものなどの看板　それを見ながら雑踏にもまれている丸山と山本とあるところ　映画が彼等の犯罪と関連あるかの如くに描かれるのは不可であるから　この点この場面を改訂するか　十分に演出上の注意を望みたい
（国家及社会 1）

（2）シーン57 大津の部屋 大津と一緒に寝ているみさをが寝返りを打ち ふとんから足が出ると云う個所 風俗上の点で十分演出上の注意を希望する（風俗 2）

尚 脚本では全部実名を用いてあるが これは全部仮名にする旨脚本提出の際製作者側より申出があった 又関係官庁方面とも了解済みとのことである

銭形平次捕物控 幽霊大名	大映

企画 辻 久一

原作 野村胡堂

監督 八住利雄

ℓ—19

江戸市中に相次ぐ謎の辻斬事件を発端として双生児の大名と 名宝の行方をめぐるお家騒動

希望事項なし

此村大吉　大映

製作　松本常保
脚本　マキノ雅弘
〃　村山俊郎
監督　マキノ雅弘

定九郎の舞台姿のモデルとなった貧乏旗本の友情と意気地を描く

希望事項なし

赤穂義士　大映

企画　高桑義生
原作　荻原四朗
脚本　池田菁穂
監督　荒井良平

赤穂義士中有名有名な数人の物語によって構成した浪曲物

希望　共同謀議により集団暴力に至る過程を詳細　肯定的に描くことの穏当でないことは
勿論だが　本篇に於ける如く単に浪曲で筋をつなぐ程度のものは　物語自体が既に一般に

熟知のものである以上　さして形式に拘泥する要もあるまい　但しこうした事柄が全くの無條件に讃美されているかに感ぜられる点には同意しがたいので　次の点につき改訂を希望したい

(1) 共同謀議の出発が公儀の如何にも偏よった処置への反省を促がす形でありたい（法律3）

(2) 目的達成后　浪士の世を騒がした罪の自覚と裁きに服する心構えを明瞭に打ちだしたい（法律1）

夫婦《めおと》善哉《ぜんざい》	東宝

製作　佐藤一郎
原作　織田作之助
脚本　八住利雄
監督　豊田四郎

S—21

道楽息子と駆落ちした芸者の限りない相手に尽す真情を大阪の風俗を背景として描く人情劇

シーン9　宿屋の一室で柳吉の台詞　「は、こいつえらい床急ぎや　体がもちまへんがな」は削除又は訂正を希望した（風俗1）

うれし恥し看板娘

東宝

製作　佐藤一郎
脚本　椿澄夫
監督　青柳信雄

美人床屋の三人姉妹をめぐるユーモア劇

シーン24・26の寝室の取扱中　セリフ「……あんたはくどいのね　今夜はダメ」は少し露骨にすぎるし　「いやですよ　また私の所に入ってきたりして……」はややもすると夜這常習に関するものと誤解を生む虞れがある　適宜　改訂を希みたい（風俗　1）

6—22

人生劇場　望郷篇　三州吉良港

東映

企画　マキノ光雄
〃　芝田昌三
〃　加藤遵
原作　尾崎士郎
脚本　岡本功司
監督　荻原遼

終戦の翌年三州吉良を舞台に新旧二群の遊侠の対立抗争を描く

(1) シーン51～53の仁義を切るところ　封建制の形式賛美の効果ありと考えられるので出来るだけ仁義を不完全にされたい旨希望した（国家及社会2）（三ケ所）　即ち

(イ) シーン51にて　「御当所　御縄張内」などの修辞句削除

(ロ) シーン52にて　「かような無恰好な仁義は失礼でござんすが　御免なしておくんなさいまし　従いまして自分生国の儀は云々　渡世につきましては……」等の言葉削除

(ハ) シーン53にて　左の手の三つ指で上り框をぐっと押え　右手を重ねて作法通りの型で仁義をきっている――と云う形をやめる

(2) シーン50　赤井と満川とが人を斬ったらしいという台詞そのものはともかく　この二人を足助がかくまうのは法的に不都合であるので　やはり二人は人を斬らぬことにしたい　宮川の行動にも同じことが云える（法律1）

(3) 全体としてやくざ讃美となる恐れありと考えられるので　個々の細かい部分にも演出上注意されたいと思う．例えば　宮川　民助　立川などの侠客の行動に於て然りであろう

（国家及社会　2）

2—24

審査集計

規程条項	関係脚本題名及希望個所数		累計
1 国家及社会	「紫々火人」	1	10
	「忠臣蔵」	2	
	「億万長者」	1	
	「犬神家の謎 悪魔は踊る」	1	
	「恐怖のカービン銃」	1	
	「人生劇場 望郷篇 三州吉良港」	4	
2 法律	「密輸船」	4	13
	「暗黒街の脱走」	1	
	「億万長者」	5	
	「赤穂義士」	2	

c―1

番号	分類	作品	数	計
2	法律	「人生劇場」	1	
3	宗教	「平手造酒」	1	1
4	教育	「億万長者」	1	1
5	風俗	「密輸船」	1	19
		「平手造酒」	1	
		「暗黒街の脱走」	1	
		「蛇姫 第十二部」	1	
		「 〃 第三部」	1	
		「石中先生行状記 青春無銭旅行」	5	
		「大神家の謎 悪魔は踊る」	2	
		「花かるた 八百屋お七」	2	
		「学生五人男 第二部」	1	
		「 〃 第三部」	1	

c—2

		「恐怖のカービン銃」	1	
		「夫婦善哉」	1	
		「うれし恥し看板娘」	1	
6	性	希望事項なし	0	0
1	残酷醜悪	「平手造酒」	1	1

○希望事項総数……………四五

c－3

審査映画一覧

○劇映画

審査番号	題名	会社名	巻数	呎数	製作	企画	原作	脚本	演出	主演
一三三六	三つの愛	松竹	一二	一〇、〇四八	久保光三			小林正樹	小林正樹	山田五十鈴 森昭治
一三七四	螢草	〃	一一	九、四五二	久保光三		久米正雄	久板栄二郎	佐々木啓祐	大木実 島崎雪子
一三九三	青春前期	〃	一一	九、四三九	小倉武志		若杉慧	柳井隆雄	堀内真直	上原謙 淡島千景
一四〇九	新婚たくあん夫婦	〃	一〇	八、二二七	山口松三郎		中村武志	長瀬喜伴 富田義朗	瑞穂春海	佐田啓二 桂木洋子
一三六四	水着の花嫁	東宝	一〇	八、〇四九	佐藤一雄			八田尚之	杉江敏男	池部良 寿美花代
一三九五	荒神山	〃	九	七、三七〇	本木荘二郎		村上元三	橋本忍	マキノ雅弘	若原雅夫 水島道太郎

C — 4

一四五八	恋愛特急	〃	九	六、四六九	山本栄朗 宇佐美仁			松浦健郎	杉江敏男 鈴木英夫	越路吹雪 岡田茉莉子
一三八四	怪猫岡崎騒動	大映	一〇	七、七一〇		高桑義生		木下藤吉 吉田哲郎	加戸敏	入江たか子 阪東好太郎
一四二二	こんなアベック見たことない	〃	六	四、一五〇		土井逸雄		根津八郎	小松原力	船越英二 神楽坂はん子
一四〇七	浅草の夜	〃	一〇	八、一七五		家口一雄	川口松太郎	島耕二	島耕二	鶴田浩二 京マチ子
一四一六	娘とよばれてまだ三月		六	四、六八一		辻久一		野上徹夫 松村正温	天野信	[illegible]
一四一五	投げ唄左門二番手柄 釣天井の佝僂男		九	七、五二五		高桑義生		高岩肇	荒井良平	黒川弥太郎 伏見和子
一四〇三	真白き富士の嶺	〃	一〇	八、四三五		岡田勲		笠原良三	佐伯幸三	林成年 市川和子
一四〇一	潜水艦ろ号未だ浮上せず	新東宝	九	七、三三七		島村達芳		新井一 野村浩将	野村浩将	藤田進 中山昭二
一四二〇	鶴亀先生	〃	一一	八、二四〇	青柳信雄		源氏鶏太	木村英一	青柳信雄	上原謙 [illegible]

一三七八	若者よ恋をしろ	東映	九	八、二七二	藤本真澄 根津昇		水木恵明 沢木益	須崎勝弥	佐伯 有	波島進 杉葉子
一三一二	影法師一番手柄 鉄異忠臣蔵	〃	一一	九、一九七		大森康正	角田喜久雄	比佐芳武	松田定次	市川右太衛門 山根寿子
一四一三	爆笑天国とんち教室	〃	八	七、二〇三		松崎啓次 斉藤安代		青木義久 茉川竹太郎	渡辺邦男	岸井明 横山エンタツ
一三八六	恋しぐれ 浅草の火祭	〃	八	七、三二二		高村将嗣	大林清	加藤泰 萩原遼	萩原遼	嵐寛寿郎 田代百合子
一四〇四	愛しのメロディー 二人は若い	〃	六	五、五七二		マキノ光雄 吉野誠一	サトウハチロー	村松道平 鶴来信二	津田不二夫	船山汎 西條鮎子
一四〇五	〃 あゝそれなのに	〃	七	五、七〇九		〃	〃	〃	〃	明智三郎 星美智子
一四二六	唄ごよみ いろは若衆	〃	九	七、九〇〇		福島通人	子母沢寛	西条照太郎	小沢茂弘	中村錦之助 千原しのぶ
一三八一	学生心中	日活	一〇	八、九三八	岩井金男		小谷剛	八住利雄	森永健次郎	宮城野由美子 木村功
一二九〇	どぶ	近代映協	一一	一〇、〇二五	吉村公三郎			新藤兼人 桐田吾郎	新藤兼人	乙羽信子 宇野重吉

一二九六	太陽のない街	新星映画								二本柳寛 日高澄子
一二七五	愛	南十プロ	一一	一〇、一〇〇	菅井政三		井上靖	植草圭之助 古川良範	若杉光夫	木村功 有馬稲子
一三九一	鞍馬天狗 疾風八百八町	宝塚映画	一〇	八、二五八			大仏次郎	松浦健郎	志村敏夫	嵐寛寿郎 月形竜之助
一三九六	家庭の事情 ネチヨリンコンの巻	〃	五	四、三〇七			三木鶏郎	大島宝樹	小田基義	トニー谷 春風すみれ
一四〇八	少年ケニヤ 第一部	新理研映画	五	三、六〇五			山川惣治	岩沢庸徳	岩沢庸徳	中村ワタル 上田吉児

○予告篇

一三九三－T	青春前期	松竹				
一二〇九－T	新婚たくあん夫婦	〃				
一三七五－T	次郎長三国志 荒神山	東宝				
一四五八－T	恋愛特急	〃				

一四二二－T	大映ニュース第三二八号	大映		こんなアベック見たことない
一四〇七－T	〃第三二九号	〃		浅草の夜
一三八四－T	〃第三三〇号	〃		怪猫岡崎騒動　真白き富士の嶺（再版）
一四〇三－T	〃第三三一号	〃		真白き富士の嶺
一四一五－T	〃第三三二号	〃		釣天井の佝僂男
一四一六－T	〃第三三三号	〃		嫁とよばれてまだ三月
一四一九－T	〃第三三四号	〃		鉄火奉行
一四〇一－T	潜水艦ろ号未だ浮上せず	新東宝		
一四二一－T	ハワイ珍道中	〃		
一四二〇－T	鶴亀先生	〃		
一三一二－T	影法師一番手柄　妖異忠臣蔵	東映		
一四一三－T	爆笑天国とんち教室	〃		
一三八六－T	恋しぐれ　浅間の火祭	〃		

c－8

一四〇四-T 一四〇五-T 一四〇六-T	懐しのメロデー	〃		二人は若い あゝそれなのに うちの女房には髭がある
一四二六-T	唄ごよみいろは若衆	〃		
一三八一-T	学生心中	日活		
一二〇九-T	どぶ	近代映協		
一三九六-T	太陽のない街	新星映画		
一三七五-T	愛	富士プロ		
S-一〇〇-T	恋山彦	日活		

○併映短篇

E-九八〇	神奈川ニュース NO 82	神奈川ニュース映協	一七五〇	
E-九九四	〃 NO 83	〃	一七五〇	
E-九八二	中日ニュース NO 24	中日クラブ	一八〇〇	
E-九九二	〃 NO 25	〃	一八〇〇	

C-9

E－九九六	中日ニュース NO 26	中日クラブ	一	八〇〇	
E－一〇〇〇	〃 NO 27	〃	一	八〇〇	
E－九六一	東京踊り 花の光彩	松竹			
E－九八五	日活ニュース NO 2	日活			
E－七六〇	開発フラッシュ NO 3	北日本映画	一	二〇〇	
E－九六七	私たちの道政 NO 18	〃	一	二〇〇	
E－九六八	市政だより NO 16	〃	一	二〇〇	
E－一〇〇一	〃 NO 17	〃	一	二〇〇	
E－八四六	シンテリヤ嬢の花婿	モーションタイムス	二	一、四五六	狂犬予防漫画映画
E－九六〇	粉食の村	〃	二	一、五八〇	
E－九一三	かつらと共に	電通大阪支社	二	一、三〇〇	新三菱、かつらエンジン製作工程
E－九一四	赤い羽根のゆくえ	〃	二	一、三〇〇	
E－九七八	光をもとめて	ムービーセンター	二		

C－10

E－九八四	オールスター競艶 夢の饗宴	プレミア	
E－九九三	失われた青春	アート映画社	四三五〇
E－九九八	西海国立公園候補地第一部 五島の全貌	読売映画社	三二四五〇
E－一〇〇三	カービン銃ギャング 恋の逃避37日間	東都映画	

○スポーツ・ニュース

P－三一九	ムービー・タイムズ 第三一九号	プレミア	
P－三二〇	〃 第三二〇号	〃	
P－三二一	〃 第三二一号	〃	
P－三二二	〃 第三二二号	〃	
P－三二三	〃 第三二三号	〃	

C－11

○新版

S—一八六	笛吹童子 大会	東映	一〇	八、八四四	製作 マキノ光雄 〃 宮城文夫 原作 北村寿夫 脚本 小川正 監督 萩原遼	昭和廿九年四月
S—一八七	七人の侍（輸出版）	東宝	一五	一四四三九	製作 本木荘二郎 脚本 黒沢明 〃 橋本忍 〃 小国英雄 監督 黒沢明	昭和廿九年四月
A—一四〇	地獄の顔	松竹	八	七、二九二	製作 小倉浩一郎 脚本 鈴木兵吾 〃 津路嘉郎 監督 大曽根辰夫	昭和廿六年一月

C—17

○完成映画数……………………二九本

内訳　松竹　四　東宝　三　大映　六

新東宝　二　東映　七　その他　七

○それらの予告篇……………………二四本

内訳　松竹　二　東宝　二　大映　七

新東宝　三　東映　五　その他　五

○併映短篇……………………二一本

○スポーツ・ニュース……………………五本

○新版……………………三本

○映画カット希望件数……………………一件

C―13

映画審査概要

○ 恋しぐれ
茂閣の火祭　　東映

最後の乱斗に於て主人公が余りにも人を斬るのは　無実の罪で逃げている都合上　困るので　適宜削除を希望した

○ 唄ごよみ
いろは若衆　　東映

(1) 改訂を必要とする程でもないが　全篇を通じ殺陣が大量に盛りこまれすぎている感がないでもない

(2) 復讐が肯定せられた形に見えるが　勧善懲悪としての組立てが判然としているから特に問題とすべき程の事はないものと認める

○ 恐怖のカービン銃　　蟻プロ

c－14

人権擁護に関する難点を避けるため　「これは事実をもとにしたセミ・ドキュメンタリー映画である」と云うタイトル其他を追加することになった

○失われた青春　アート映画社

静脈注射の大写　他数回注射場面があるが　作品の性質上　不可なきものと判定する

宣伝広告審査概要

◎審査終了した宣伝材料

スチール…………………一、一一六枚

プレス……………………二六枚

ポスター…………………六一枚

撮影所通信其の他………四七枚

◎該当希望事項なし

C—16

各社封切一覧

封切月日	番組番号	題名	製作会社
○松竹			
七月六日	一三九二	伝七捕物帖 刺青女難	松竹
	一三六三	おとこ大学	〃
七月十三日	一三五九	最後の江戸ッ子	〃
七月二十日	一三七四	螢草	〃
七月二十八日	一三九三	青春前期	〃
○東宝			
七月六日	一三六四	水着の花嫁	東宝
	一三九五	荒神山	〃
七月十三日	一三八五	落語長屋お化け騒動	〃

C―17

七月二十日	一三九一	鞍馬天狗 疾風八百八町	宝塚映画
七月二十八日	一三六五	陽気な探偵	東京映画
	一三九六	家庭の事情 ネチョリンコンの巻	宝塚映画
○大映			
七月 六日	一三八〇	母時鳥	大映
七月十三日	一四〇四	浅草の夜	〃
七月二十日	一三八四	怪猫岡崎騒動	〃
七月二十八日	一四一五	投げ唄左門二番手柄 釣天井の佝僂男	〃
○新東宝			
七月 六日	一四一一	関八州勢揃い	新東宝
七月十三日	一四〇一	潜水艦ろ号未だ浮上せず	〃
七月二十日	一四二〇	鶴亀先生	〃
七月二十八日	一二九〇	どぶ	近代映協

c—18

○東映

六月三十日	一三七一	弥次喜多 第一部 東海道の巻	東映
七月六日	一三七八	若者よ恋をしろ	〃
	一三七二	弥次喜多 第二部 高野山宿での巻	〃
七月十三日	一三一二	影法師一番手柄 妖異忠臣蔵	〃
	一三七三	弥次喜多 第三部 木曽街道の巻	〃
七月二十日	一四一三	爆笑天国 とんち教室	〃
	S一一八六	笛吹童子大会	〃
七月二十七日	一三八六	恋しぐれ 浅間の火祭	〃
	一四〇四	懐しのメロデー 二人は若い	〃

○日活

七月二十八日	一三八一	学生心中	日活
	一三四三	沓掛時次郎	〃

あとがき

七月の管理委員会は二十二日の「映画と青少年に関する懇談会」を中心として　かねて深い関心を以て處理に当って参りましたこの課題の具体的探究に一段の努力を傾けましたたま〳〵全国の興行界に於てもこの問題に対する関心が翕然として高まり　従来やゝもすれば　世上唯単に営利の追求に専念するが如き感を抱かせていた斯界の方々が　協力一致して特に青少年に対する映画の影響力を深く考慮しつゝある真意が明らかとなって参りましたことは　当然のこととは云え　社会の映画界一の印象を一新したことに於て喜ばしいことでありました　管理委員会は毎週開かれる各社協力員会議と共に　唯今全力をあげて映画界自体によるこの問題の解決に努力を続けて居ります　その施策については巻頭の管理部記事をご参照下さい

映画を含むマスコミニュケーション一般についても　現下の社会情勢下　特にその自主的倫理基準の施行が重要な課題となって居ります折柄　さきに映倫の主唱の下に開催された映画　放送　新聞　レコード等の各倫理基準施行担当者の連絡懇談会が実を結び　七月三十一日には第二回の会合が民放連盟のお世話によって開かれ　各方面の情報交換　連携強化に着々成果を挙げて居ります

管理部

c—20

映画倫理規程審査記録 六一号

昭和二十九年八月十日 発行

発行責任者 池田義信

東京都中央区築地三ノ六

映画倫理規程管理部事務局

電話築地(55)二八〇二 〇六九六番

映画倫理規程審査記録

第62号

※収録した資料は国立国会図書館の許諾を得て、デジタルデータから復刻したものである。
資料への書き込み、破損・文字の掠れ・誤字等は原本通りである。

62

映画倫理規程

審査記録

29.8.1～29.8.31.

29.
図書館

映画倫理規程管理委員会

目次

管理部記事

○映倫の設置致しました「映画と青少年問題」対策研究会の目的及委員名法は次の通り決定し　委嘱されました。

○目　的

映画の青少年に及ぼす影響の所在を研究し　その育成に力ある面を助長すると共にその否定面を除去するための具体的施策を検討　これが実現を図ること

○委員名法

製作担当の領域より（二名）映連製作部会の選出による

マキノ光雄　東映企画本部長

高村　潔　松竹製作本部長

業務担当の領域より（二名）映連業務部会の選出による

大野　求　松竹営業本部事務局長

加賀四郎　大映営業調整部長

ホ―1

宣伝担当領域より（二名）映連宣伝部長会の選出による

富田秀富　新東宝宣伝部長

野田順一　大映宣伝部長

興行者の領域より（二名）興行組合連合会の選出による

手塚栄一　興行組合連合会選出映画倫理規程管理委員

加藤叢雄　興行組合連合会事務局長

学識経験者より（二名）映画倫理規程管理委員会の推薦による

関野嘉雄　青少年問題協議会　青少年問題対策委員
児童文化審議会委員
中央児童福祉審議会専門委員

落合矯一　新宿高等学校長

映画倫理規程管理委員会より（二名）映画倫理規程管理委員会の選出による

池田義信　映画倫理規程管理委員会副委員長
中央児童福祉審議会委員
東京都社会教育委員、東京税関輸入映画審議会委員

石本統吉　映画倫理規程管理委員
教育映画製作者連盟理事

ハ－2

映画倫理規程専門審査員より（二名）映画倫理規程管理委員会の選出による

小林勝　――　映画倫理規程管理委員会専門審査員
文部省教育映画等審議会委員
中央児童福祉審議会専門委員
東京税関輸入映画審議会委員

荒田正男　映画倫理規程管理委員会専門審査員

○映画と青少年問題について八月十一日の審査室会議に於ては　次のような見解を明確にしました。

△現在の日本映画は大部分は大人向映画であり　映倫も　特に児童映画を審査する時のような態度では審査せず　倫理規程に従って審査しているのであるが　規程の山（教育）の2に「素材描写表現のあらゆる面にわたって児童に対する影響について考慮する」とあるので　必らずしも児童観客というものを無視しているものではない　但しこの場合の「児童」とは何か　この点を解明しておく必要はあるであろう（別記）

△大人向映画に於て　映倫が青少年児童を考慮して審査している一例を左に掲げる

ム―3

(一)児童（青少年）と関係のある職業の人に対しては　児童に不信の念を抱かせないように注意している・例えば教師　警官　判事　牧師等

(二)児童（青少年）に模倣される恐れあるセリフ及び演技　例えば　仁義の切り方等は簡略化又は不完全にしている（児童映画の場合は全然削除する）隠語　流行語も模倣されて面白からぬものはやめるようにしている　立廻りなども同様である

(三)大人向映画に現れる児童（青少年）の非行についても模倣される恐れのあるものは削除するようにし　児童の職業　行動についても悪影響のないよう審査に慎重を期している

(四)麻薬　毒薬などは必要な場合（麻薬の害を説く啓蒙映画などのように）以外はその名　形など映画では見せないようにしている，新聞などにはよく出るヒロポン・セイサンカリでさえ　必要欠くべからざる場面以外はやめてもらっている

(五)恋愛場面の表現も　青少年に与える影響から慎重を期している　大人だけが見るものなら乳が出ても尻が出ても悪影響はないのであろうが　思春期の青少年には大いに影響がある

(六)ひばり映画　鞍馬天狗映画などは児童映画とは見ない　大人向きと見る　母ものもまた同じである・しかしこの種の映画は　児童の観客が多いと云う事実から見ていろいろと児童映画なみの注意を以て審査している

○映倫規程にいう「児童」とは何か

専門審査員会に於ては内部的に左のように定めた、児童を分けて青少年と児童とに分ける

高校生年齢
中学生　高学年　｝青少年

中学生　低学年
小学生　｝児童

○高校生年齢とは高校生及び高校に行かぬ人たちのその年齢で満十八才以下

○中学生は青少年と児童と両方にまたがるが　強いていずれかに分ける必要はないと考えるからである

○小学生以下の幼児に関しては　映倫の場合には関係がうすいが　強いて入れれば児童の中に入れてよいと思う

ヘ—5

審査脚本一覧

社名	題名	受付日	審査終了日	備考
東宝	潮騒	七 一六	八 二	
松竹	チャッカリ夫人	七 二七	八 二	
大映	君待船	七 三一	八 二	
東京映画	毋の初恋	七 三一	八 四	
宝塚映画	右門捕物帖 まぼろし変化	八 三	八 六	
大映	千姫	八 五	八 七	
松竹	鉄仮面 第一篇	八 二	八 一〇	
松竹	〃 第二篇	八 二	八 一〇	
松竹	〃 第三篇	八 二	八 一〇	
松竹	忠臣蔵	八 二	八 一〇	改訂第二稿
日活	月は上りぬ	八 六	八 一〇	
新東宝	月の光	八 四	八 一一	

新東宝	・たん子たん吉珍道中 第一部豆狸忍術合戦	八 四	八 一一	「第一部消えた茶壷」の改題
新東宝	第二部江戸恋馬子唄	八 四	八 一一	「第二部娘馬子唄」の改題
新東宝	第三部歌くらべ狸囃子	八 四	八 一一	「第三部お江戸は日本晴れ」の改題
東宝	新鞍馬天狗 第二部	八 四	八 一二	
大映	伊達騒動 母御殿	八 一一	八 一四	
日米映画	和《お》蘭《らん》囃《だばや》子《し》	八 一二	八 一四	
えぬえすプロ	見ないで頂戴お月さま	八 九	八 一五	
松竹	喧嘩鴉	八 九	八 一八	
松竹	えくぼ人生	八 一〇	八 一八	
東映	快傑まぼろし頭巾	八 一一	八 一八	
大映	火の女	八 一七	八 一八	「女の復讐」の改題
大映	荒城の月	八 一七	八 一八	
松竹	若き日は悲し	八 一七	八 一八	「春待草」の改題
東映	悪の愉しさ	八 一一	八 二〇	

ユ―7

大映	こんな奥様見たことない	八・二〇	八・二三	
大映	川のある下町の話	八・二一	八・二三	「忘れ得ぬ人」の改題
日活	からたちの花	八・二〇	八・二四	
大映	此村大吉	八・二〇	八・二四	改訂第二稿
宝塚映画	時代オペレッタ うらおもて六人娘	八・二五	八・二六	
日活	生きとし生けるもの	八・一〇	八・二八	
日活	女人の館	八・二四	八・二八	
東映	三日月童子 第一部	八・二五	八・三〇	
東映	〃 第二部	八・二五	八・三〇	
東映	〃 第三部	八・二五	八・三〇	

◎新作品 ………… 三四本

シナリオ数 ………… 三六本

内訳＝松竹 八（内改訂版一） 東宝 二 大映 八（内改訂版一） 新東宝 四

東映 五 日活 四 東京映画 一 宝塚映画 二 日米映画 一

えぬえすプロ 一

脚本審査概要

潮《しほ》騒《さゐ》

東宝

製作　田中友幸
原作　三島由紀夫
脚本　谷口千吉
〃　中村真一郎
監督　谷口千吉

小島の漁村を背景に描く若い漁夫と海女の恋物語

最初に提出された（準備用脚本）では以下の諸点を希望した

(1) シーン35　甲板での安夫と桂田の対話中　卑猥にわたるものを訂正　（風俗1）
「こーんなデブや……」云々

(2) シーン43　観的哨で新治と初江が互いに裸体になる処は　場面全体の訂正（風俗2）

(3) シーン46　浜での安夫の台詞の中　「フン　女ちうものは……」云々の改訂　或いは削除（風俗1）

(4) シーン50　泉で水汲みに来た初江を安夫が襲う場面の演出上の注意　（風俗1）

0—9

(5) シーン60　風呂屋も同じく演出上の注意　（風俗２）
(6) シーン87、110でお春婆が初江の乳房を調べる処も同じ　（風俗２）
(7) 全体に海女の裸体の扱いも同様演出上の注意　（風俗２）

以上により改訂版が再提出された。

希望事項の殆んど全部が改訂若しくは削除によって行われたが　※(2)のみは未だ不充分と思われた。よって再度ディスカッションを行って当方の希望を申し述べ　製作者側も諒とされたが　決定的なことはラッシュ試写まで保留することにした。

チャッカリ夫人	松竹

製作　山口松三郎
原作　市川三郎、粟川作太郎
〃　中江良夫、佐々木恵美子
〃　吉田史郎　吉田みき
脚本　長瀬喜伴
監督　瑞穂春海

平凡なサラリーマン生活のいくつかの小さな波紋を通して　そこに流れる夫婦の情愛を描く

希望事項なし

君待船	大映

企画　岡田　熱
脚本　笠原良三
監督　西村元男

愛と報恩のために青春を捧げた若い船乗りと　彼を更生させた艶歌師兄妹をめぐる恋愛歌謡劇

希望事項なし

母の初恋	東京映画

原作　川端康成
脚本　八田尚之
監督　久松静児

母の初恋の人に養われて成長し　その人をひそかに思慕しながら他家に嫁ぐ若い女性の複雑な心理を描く

希望事項なし

右門捕物帖
まぼろし変化

宝塚映画

原作 佐々木味津三
脚本 丸根賛太郎
〃 加味鯨児
監督 丸根賛太郎

老中 金座役人等による贋造小判事件を解決するむっつり右門の手柄ばなし

希望事項なし

千姫

大映

製作 永田雅一
企画 辻久一
脚本 八尋不二
監督 木村恵吾

肉親の政略と運命のいたづらから吉田御殿に乱行を重ねる千姫の悲劇を待女の恋を配して描く

希望事項なし

8—2

鉄仮面 第一篇・第二篇・第三篇	松竹

製作　大谷浩通
脚本　中山隆三
〃　池田浩郎
監督　池田浩郎

双生児の一人として生れた為　家臣の子として育てられ　長じて野武士の頭目となった大名の子が　悪人に捕えられた弟を救い生家を守る活劇篇

主人公の鶴千代が　かなり積極的に人を斬るが　これは作品の性質上（青少年が観客の大部分と思われるので）　最低必要限度にとどめて欲しい　（教育　之）

忠臣蔵（改訂第二稿）	松竹

殿の無念をはらすとか　仇討をすると云うのではなく　大石が度々くり返し説く如く　御

政道の誤りを正したいと云った名目で　全体を貫いて欲しい　演出上もその点を十分に考
慮を乞いたいと思う（シーン96　124　156　175　187の大名の台詞を参照のこと）　この精
神を完全にする為　シーン200以后終りまでを　もう一度考え直し注意して欲しい　（国家
及社会２）
例えば　シーン200　204の討入りの時　門番を斬ることは止めて　うちはらう位にして欲し
い
また前篇でも云った事であるが　シーン231の終は上野介の首をあげる前で止めて欲しい
シーン233終りの寺坂と瑤泉院の台詞は　前篇の如く訂正のこと
シーン234の松平の台詞のうち　「天晴れで御座る」は余りに肯定美化に過ぎるし　「忠
孝を全うした者」は　他の言葉に代えて欲しい　この松平の考えは柳沢によって批判はさ
れてあるが　尚一考の要ありと思われる
前篇にあった大石の最后の言葉がここでもまた望ましいと思われるので一応考慮して貰い
たいと思う（以上六ケ所）
その他個々の演出上の為の二三の注意は　従来の慣例に従い　製作者側に於いて十分注意
して貰うことにした

8—4

月は上りぬ	日活

製作　児井英生
企画　日本映画監督協会
脚本　小津安二郎
　　　斎藤良輔
監督　田中絹代

奈良を舞台に穏やかな家庭生活の中にかもしだされる恋愛と人情を描く

希望事項なし

トランブーラン 月の光	新東宝

企画　島村達芳
原作　速水五郎
脚本　岸松雄
監督　松林宗恵

戦時中のマレー半島の一部落を舞台に日本軍の一下士官と原地の少女の淡い恋を主題歌「月の光」に寄せて描く

6—5

(1) 篇中 悪質なる匪賊団として 〃マライ・ゲリラ隊〃 が大きく扱われているが 進駐日本軍に反抗する民族的団体ではないのであるから その点 これが更にマライ現住民にとっても蛇蝎視すべき存在であったことをより一層 明確にしておきたい（国家及社会 3）

(2) シーン15等に於ける使用歌曲は軍国的なものは避け 民主的なものでありたい（国家及社会 2）

たん子たん吉珍道中 第一部 豆狸忍術合戦 （「消えた茶壷」の改題） 第二部 江戸恋馬子唄 （「旅馬子唄」の改題） 第三部 歌くらべ 狸囃子 （「お江戸は日本晴れ」の改題）
新東宝

製作 衣川 聰

原作 宮崎 博史

脚本 三村 伸太郎

監督 毛利 正樹

6―6

家の安危を賭けた茶壷を持って道中する姫君に救われた子狸二匹が報恩の為悪人を懲

して　姫の道中を守護する物語

希望事項なし

新鞍馬天狗　第二部
東宝

製作　大佛次郎
　　　渾大防五郎
原作　大佛次郎
脚本　松浦健郎
監督　青柳信雄

2—1

敵に捕われた天狗の救出に苦心する人々の冒険と　好敵手近藤勇と天狗の対決を描く

年少観客を考慮して　シーン93　の土方のおみわ強迫は　シナリオ面から想像される限りでは　少し量が多過ぎると思われので　もう少し短くやって戴きたいと思う
（教育２）

伊達騒動 母御殿	大映

企画　高桑義生
脚本　阿蘇太郎
池田菁穂
監督　安田公義

七—8

伊達騒動の乳母政岡を中心に母子主従の愛情を描く

希望事項なし

和蘭囃子

日米映画

企画　酒井知信
製作　石川定一
原作　山手樹一郎
脚本　松浦健郎
〃　若杉光夫
監督　若杉光夫

江戸末期の東海道を舞台にのんきな若い蘭法医を中心に描くユーモラスな道中記

(1) シーン14　蘭平とお万の病気問答の中「つまり　その　うんうんが……」の傍線の個所は改訂して戴きたい（風俗1）

(2) シーン64　蘭平が百合姫を診察する処〈蘭平　グイと布団の中に手をさしこみます〉以下は　省略の上　演出上の注意を希望した（風俗1）

見ないで頂戴お月様

えぬえすプロ

企画　斉藤昇
脚本　中田龍雄
監督　中川順夫

レコード歌謡曲を主題とする恋愛喜劇

希望事項なし

喧《けん》嘩《か》鴉《がらす》
松竹

製作　小倉浩一郎
脚本　若尾徳平
　　　永江勇
監督　堀内真直

喧嘩友達の二人のやくざ者が旅すがらに悪人を懲す物語

製作意図が　暴力讃美　暴力肯定を意図したものの如くであったので改訂を希望し　次の如き製作意図に改められることになった（国家及社会4）「二人の若い股旅人の友情と正義感が主題である」　この製作意図ならばこの脚本のままで問題はないと思う

えくぼ人生
松竹

製作　小倉武志
原作　中野実
脚本　野原清
監督　原研吉

若い女医の結婚問題をめぐる行路の明暗を描く

希望事項なし

快傑まぼろし頭巾	東映

企画　柳川武夫
原作　加藤恭
脚本　西條照太郎
監督　佐々木康

幕末　幕府が狙う新火薬の製法をめぐる勤王派の士黒頭巾の活躍を描く

シナ人の取扱に関し国民感情の点を考慮して　然るべき演出上の注意　或いは脚本を改訂するよう希望した　（このシナ人は悪漢である）（国家及社会３）

火の女 （「女の復讐」の改題）	大映

企画　岡田熱
原作　中山正男
脚本　高岩肇
〃　島耕二
監督　島耕二

オートバイレースのスリルとスピードの世界を背景に若い男女の愛情の葛藤を描く

希望事項なし

荒城の月	大映

企画　岡田　勲
原作　川口松太郎
脚本　松山善太
監督　枝川　弘

時代の波に没落した旧城主の娘をめぐるメロドラマ

希望事項なし

若き日は悲し（「春待草」の改題）	松竹

製作　久保光三
脚本　中村定郎
〃　岩間鶴夫
監督　岩間鶴夫

e—12

港町の青少年のグループ活動を背景に兄妹として育てられた若い男女の不幸な恋と献身を描く

希望事項なし

悪の愉しさ	東映

製作　藤本真澄
　　　根津昇
原作　石川達三
脚本　猪俣勝人
監督　千葉泰樹

悪の愉楽を追い求めその生き方に敗れて死んだ男の悲劇を通して複雑な世相に生きる現代人の一つの姿を描く

原作小説（石川達三）の結末とは違って　本映画化用脚本に於ては　結局〝悪の惨めさ〟を訴っているから　その点　作構成の全体としては　特には倫理上問題はないと思われるが錯綜する男女関係を取扱っている本篇の性格上　各部分部分については誤って劣情刺戟等の効果をもたらすことのないよう　全篇を通じてのみならず　特に以下の諸点につき演出上その他を通じて万全の注意を希望したい

ℓ—13

1.シーン19　中根家内　セリフ"一寸も湧きやしねえ……"を含む夫婦の就寝に至る描写（風俗2）

2.シーン34　中根が沢木未亡人を誘惑する描写は極力　省略に近いものでありたい（風俗1）

3.シーン42　セリフ"あゝいう病気の人は案外強いって話だけど……"（風俗1）

4.シーン44.45.46　温泉マークへ連れ込む過程の描写は　シーン46のさくら家に於ける男女の関係に関する描写と共に　極力品位を失わぬものでありたい（風俗2）

5.シーン88　中根家内　独白"……とに角　抱きしめたいよ　康代のあのピチピチした体……"を含む夫婦の就寝場面　中根の妻への絡みは劣情刺戟の誤まりに陥らぬよう十分に工夫したい（風俗2）

6.シーン95　酒場ビキニ内における女給サツキの狂態も限度を超えぬよう　演出上注意したい（風俗1）

7.シーン118　さくら家内　中根と康代の関係に至る件りは刺戟的にわたらぬよう注意したい（風俗2）

8.シーン72.102等に現われる立小便は演出上注意したい（風俗2）

ℓ—14

こんな奥様見たことない

大映

企画　三浦信夫
原作　茂林寺文福
脚本　高橋二三
監督　仲木繁夫

若い後妻を持った大工の親方をめぐる人情喜劇

希望事項なし

川のある下町の話
（「忘れ得ぬ人」の改題）

大映

企画　米田治・塚口一雄
原作　川端康成
脚本　井手俊郎
監督　田坂具隆

若い医学生をめぐる三人の女性の恋の哀歓を描く

希望事項なし

からたちの花	日活

製作　岩井金男
原作　長谷健
脚本　八住利雄
監督　佐伯清

柳河を舞台に北原白秋の若き日を描く

（1）シーン14　花嫁を隣近所の人たちがからかう台詞の中「よんでは　はじめてじゃけ……だんだんようなる」等は稍々卑猥に過ぎるので改訂或は削除を希望した（風俗1）

（2）シーン40等で用いられる清介の仇名「特大さん」は誤解されるおそれがあるので改訂を希望した（風俗1）

（3）シーン90　隆吉が長部先生と小島先生を殴る件は　出来得れば再考されたい（教育1）

此村大吉（自主改訂版）	大映

自発的に改訂稿が出されたが　これは第一稿を全部書き改められたものである　これについては以下のように希望した

a—16

冒頭（シーン８以下の）蓮月院邸での賭場　入れ墨の部屋等の描写は頽廃的に過ぎるので
脚本を改訂の上　演出上も充分注意されたい（風俗１・２）

時代オペレッタ うらおもて六人旅	宝塚映画	脚本　松浦健郎

のんきな仇討道中を描く時代喜劇
おもんは終始「道中師」として活躍するが　いかに喜劇とはいえ　些か「稼業」を楽しみ
（？）過ぎているので　その点の考慮を希望した（法律１）

生きとし生けるもの	日活	製作　岩井金男 原作　山本有三 脚本　橋本忍 監督　西河克己

性格の異る仲の好い兄弟を主人公に現代に生きるものの苦悩と愛情を描く
希望事項なし

女人の館	日活	製作　藤本真澄 〃　金子正且 原作　白川渥 脚本　井手俊郎 監督　春原政久

ℓ－17

女ばかりの家を舞台に描く光若の女人群像

希望事項なし

三日月童子 第一部	東映

企画　マキノ光雄
　　　宮城文夫
原作　北村寿夫
脚本　小川正
監督　小沢茂弘

名宝白鳥の玉をめぐる妖術合戦物語

シーン25　少年の手の甲を手裏剣で柱に縫いつける件りは残虐にわたらぬよう演出上注意を望みたい（残酷醜汚４）

三日月童子 第二部	東映

希望事項なし

三日月童子 第三部	東映

希望事項なし

審査集計

	規程條項	関係脚本題名及希望個所数		集計
1	国家及社会	「忠臣蔵」	6	10
		「月の光」	2	
		「喧嘩鴉」	1	
		「怪傑まぼろし頭巾」	1	
2	法律	「うらおもて六人旅」	1	1
3	宗教	希望事項なし	0	0
4	教育	「鉄仮面」	1	4
		「新鞍馬天狗 第二部」	1	
		「からたちの花」	1	
		「此村大吉」	1	

C—1

5	風俗	「潮騒」	7
		「和蘭《おらんだ》囃子《ばやし》」	2
		「悪の愉しさ」	8
		「からたちの花」	2
			19
6	性	希望事項なし	0
			0
7	残酷醜汚	「三日月童子」	1
			1

○希望事項総数　三五

C―2

審査映画一覧

○ 劇映画

審査番号	題名	会社名	巻数・呎数	製作	企画	原作	脚本	演出	主演
一四二五	岩吉ひばりのびっくり五十三次	松竹	一〇 八、五七三	高木貢一			椎名利夫 津路嘉郎	野村芳太郎	高田岩吉 美空ひばり
一四一七	若旦那と踊子	〃	一一 八、九九〇	大町龍夫			伏見晁	萩山輝男	川喜多雄二 淡路恵子
一四二八	江戸の夕映	〃	一一 九、一六六	岸本吟一		大佛次郎	久板栄二郎	中村登	市川海老蔵 淡島千景
一四七二	うれし恥し看板娘	東宝	七 五、一一四	佐藤一郎			倫登夫	青柳信雄	柳家金語楼 塩沢登代路
一四一一	土曜日の天使	〃	一二 九、五〇六	滝村和男		中野実	梅田晴夫 山本嘉次郎	山本嘉次郎	山口淑子 雪村いづみ
一四〇〇	君死に給うことなかれ	〃	一二 八、九三六	田中友幸			丸山誠治 西島大	丸山誠治	池部良 司葉子

一四一九	鉄火奉行	大映	一〇	八、九五〇		高桑義生	山手樹一郎	衣笠貞之助 柳川真一	衣笠貞之助	長谷川一夫 島崎雪子
一四三四	緑の仲間	〃	一〇	八、六一〇		三浦信夫	井上靖	猪俣勝人	森一生	根上淳 若尾文子
一四二四	花の白虎隊	〃	一〇	八、三七〇		浅井昭三郎		八尋不二	田坂勝彦	市川雷蔵 花柳武始
一四六八	此村大吉	〃	一〇	八、六四〇	松本常保			マキノ雅弘 村山俊郎	マキノ雅弘	鶴田浩二 久慈あさみ
一三九九	妖棋伝 白蝋の仮面	新東宝	九	七、五四〇	米田清一郎		角田喜久雄	橋本忍 鋭二郎	並木鏡太郎	大谷友右ヱ門 山田五十鈴
一四〇二	地獄谷の対決	〃	七	五、四八三	〃		〃	〃	〃	〃
一四四〇	石中先生行状記 青春無銭旅行	〃	九	八、二五一		山崎喜暉	石坂洋次郎	舘岡謙之助	中川信夫	和田孝 筑紫あけみ
一四四八	日本の虎	〃	一〇	七、五九五	柴田万三		大林清	菜山栄	内川清一郎	中山昭二 エレン・ヒギンス
一四二一	ハワイ珍道中	〃	一〇	八、二六一	杉原貞雄			八住利雄	斎藤寅次郎	花菱アチャコ 江利チエミ

C—4

一四三〇	霧の小次郎 第二部 魔術妖術	東映	五	四、〇九七		マキノ光雄 宮城文夫	北村寿夫	小川正	佐伯清	東千代之介 高千穂ひづる
一四三一	〃 第三部 三日月童子	〃	五	四、五二六		〃	〃	〃	〃	〃
一四〇六	懐しのメロディー ふたりの女房にや髭がある	〃	六	五、〇四〇		マキノ光雄 吉野誠一	サトウハチロー	村松道平 結束信二	津田不二夫	伊藤雄之助 日野明子
一四五五	犬神家の謎 悪魔は踊る	〃	八	七、〇〇三		玉木潤一郎 田口直也	横溝正史	高岩肇	渡辺邦男	片岡千恵蔵 喜多川千鶴
一四三三	旗本退屈男 謎の百万両	〃	一〇	八、五一一		西原孝	佐々木味津三	鈴木兵吾	佐々木康	市川右太衛門 轟夕起子
一四二七	暗黒街の脱走	〃	八	六、八一七		三上訓利		高岩肇	小石栄一	波島進 三浦光子
一四四五	続々水戸黄門漫遊記 地獄極楽大騒ぎ	〃	九	七、九一五		玉木潤一郎		尾形十三雄	伊賀山正徳	月形龍之介 千原しのぶ
一四六五	八百屋お七 ふり袖月夜	〃	九	八、二六五		福島通人	樋口大祐 旗一兵	舟橋和郎	松田定次	中村錦之助 美空ひばり
一三九七	黒い潮	日活	一一	一〇、一四六	高木雅行		井上靖	菊島隆三	山村聡	山村聡 津島恵子

c—5

一四三二	恋風街道	宝塚	九	七、二三二			山手樹一郎	若尾徳平	冬島泰三	小林明男 尾上さくら
一四三六	その後のチャッカリ夫人とウッカリ夫人	東京映画	一一	八、八四六	三輪礼二	新井一	ラジオ東京連続放送	笠原良三	春原政久	佐野周二 久慈あさみ
一四三七	若者劣駒	ニッポンプロ	一〇	八、〇五四	山田典吾		菊田一夫	木村恵夫	佐藤武	日高澄子 小笠原弘
一四三九	娘ごころは恥づかしうれし	今村プロ	九	六、五〇三		金田良平		永原重明	小森白	高島忠夫 久保菜穂子
一四三八	億万長者	青年俳優プロ				木田兵三郎		市川崑	市川崑	木村功 久我美子

◯ 予告篇

一四二五—T	岩吉ひばりのびっくり五十三次	松竹		
一四二八—T	江戸の夕映	〃		特報
一四二八—T—二	〃	〃		第二報

一二〇〇一T	二十四の瞳	〃		特報
一二〇〇一T一二	〃	〃		第二報
一四九〇一T	えくぼ人生	〃		
一四四一一T	土曜日の天使	東宝		
一四〇〇一T	君死に給うことなかれ	〃		
一四一八一T	大映ニュース 特報	大映		月よりの使者 千姫
一四三四一T	〃 第三三五号	〃		緑の仲間
一四二四一T	〃 第三三七号	〃		花の白虎隊
一四六八一T	〃 第三三八号	〃		此村大吉
一四七三一T	〃 第三三九号	〃		君待船
一三九九一T	大岡政談 妖棋伝	新東宝		
一四四〇一T	石中先生行状記 青春無銭旅行	〃		
一四四八一T	日本の虎	〃		

一四二一－T	ハワイ珍道中	新東宝		特報
一四二一－T追	〃	〃		第二報
一四二九－T	霧の小次郎	東映		第一部 金毛銀虎 第二部 魔術妖術 第三部 三日月童子
一四五五－T	犬神家の謎 悪魔は踊る	〃		
一四二七－T	暗黒街の脱走	〃		
一四三三－T	旗本退屈男 謎の百万両	〃		
一四四五－T	続々水戸黄門漫遊記 地獄極楽大騒ぎ	〃		
一四五六－T	八百屋お七 ふり袖月夜	〃		
一四四二－T	蛇姫様	〃		第一部 千太郎旅姿 第二部 緋牡丹地獄 第三部 恋慕花道
一三九七－T	黒い湖	日活		
一四三二－T	恋風街道	宝塚		
一四七八－T	右門捕物帖 まぼろし変化	〃		
一四三六－T	その後のウッカリ夫人とチャッカリ夫人	東京映画		

c—8

一四三七ーT	芸者秀駒	ニッポンプロ		

○ 併映短篇

E-一〇〇四	神奈川ニュース No.84	神奈川ニュース映協	一	七五〇
E-一〇二三	〃 No.85	〃	〃	七五〇
E-一〇三一	〃 No.86	〃	一	七五〇
E-一〇〇五	中日ニュース No.28	中日クラブ	一	八〇〇
E-一〇一六	〃 No.29	〃	一	八〇〇
E-一〇二四	〃 No.30	〃	一	八〇〇
E-一〇二九	〃 No.31	〃	一	八〇〇
E-一〇四〇	〃 No.32	〃	一	八〇〇
E-八六六	ミュージック・ホール 第一篇	テレビ映画	一	一、〇〇〇
E-一〇一八	〃 第二篇	〃	一	一、〇〇〇

E―一〇一九	ミュージック・ホール 第三篇	テレビ映画	一一、〇〇〇	
E―九八七	上新しく 三菱ハンドトラクター	電通	一八〇〇	一六ミリ
E―九八八	村の栄え 三菱メイキエンジン	〃	一八〇〇	〃
E―九八九	希望のひびき 三菱ダイヤディーゼル	〃	一八〇〇	〃
E―一〇一三	真夏の幻想	〃	一二〇〇	キリンビールの宣伝
E―九七九	からくり天国	銀映社	四三、六〇〇	
E―九三七	貴女は美しくなれる	桜丘プロ	二一、七四六	
E―九九一	ヒロポンは悪魔だ	創造プロ	三二、二二〇	
E―一〇〇二	逞しき力	北日本映画	三二、三四〇	
E―一〇一一	永遠なる平和を ―原水爆の惨禍―	日映	三二、五〇〇	
E―一〇一二	蟹工船	現代プロ 文化映画提供	二一、五〇〇	
E―一〇一五	続肉弾相搏つ	伊勢プロ	三二九六〇	
E―一〇二五	特急つばめを動かす人々	日映科学映画	三、二七〇〇	

E-一〇二六	赤ちゃんの泣き声	モーションタイムズ	二一五四〇	
E-一〇二七	日活ニュース No.4	日活	一三〇〇	
E-一〇三二	明るい生活	日映	一九五〇	
E-一〇五〇	原始林の裸族	昭映フイルム	八六八四五	
	○スポーツ・ニュース			
P-三二四	ムービー・タイムズ 第三二四号	プレミア		
P-三二五	〃 第三二五号	〃		
P-三二六	〃 第三二六号	〃		
P-三二七	〃 第三二七号	〃		

○新版

S－一七二	戦争と将軍（将軍と参謀と兵の改題）	日活	一一 八、二九七	製作 大中豊 原作 伊地知進 脚本 北村勉 監督 田口哲 昭和十七年製作

○完成映画数……………二九本

内訳　松竹　三　東宝　三　大映　四
　　　新東宝　五　東映　八　その他　六

○それらの予告篇……………三〇本

内訳　松竹　六　東宝　二　大映　五
　　　新東宝　五　東映　七　その他　五

○併映短篇　二七本

○スポーツニュース　四本

○新版　一本

○映画カット希望件数　六件

映画審査概要

○此村大吉　大映

一巻目　連月院邸の一室「腰元の入れ墨」場面　及び十一巻目の「此村大吉切腹」場面の一部削除希望し実行された（計八六呎）

○億万長者　青年俳優プロ

行政監察委員会の件の描写のうち　委員長が笑うカット二ケ所は　批判の厳粛を欠くおそれもあり　削除希望したところ製作者側に於ても自主的にとる意向ありとのことで了解を得た

○藝者秀駒（予告篇）　ニッポンプロ

浴場のシーンの一部　風俗上の点で削除希望し実行された（七呎）

〇 貴女は美しくなれる　　櫻丘プロ

美容短篇であるが
1 乳房が單なる施術部分として扱われていない場面（一巻目六呎）
2. シャワー水浴の裸女の部分（一巻目十五呎）
3 腋毛の大写（二巻目 二十五呎）
は何れも（風俗２）の面よりして協議の結果 製作者に於て切除された

〇 原始林の裸族　　昭映フイルム提供

男女の性器が明瞭に見えるところ五ヶ所削除希望した

（附記）

「原始林の裸族」（昭映フイルム提供）映倫審査終了迄の経過
本作品は七月二十七日よりT・Y系で公開され 当時 映倫未審査 クオーター外作品の公開等種々の点で論議されたが 当映倫に関する事項については該作品は公開以前 審査の依頼があったのであるが 外国映画であるので 通関手続の完了 その他正当に輸入し公開される上についての関係書類の提示を昭映フイルム社に求め一切の書類が整った上に

於て受付けることとした　然し該書類の提示がないまゝ公開期日となり　未審査で公開されてしまった訳である　これに対し管理部としては昭映フイルムに対し遺憾の申入れを行うと共にかゝる場合の大蔵省の措置について所管官庁なる　大蔵省為替局管理課長　同税関部業務課長宛　日本映画連合会事務局より本件の処理方法及解決方等に関する質問書を提出した処　税関部業務課より昭和二十七月六月神戸税関を無條件で通過している事実が判明　現在公開されても何ら行政措置は取り得ない旨　回答があった
これにより映倫は改めて提供者側の審査依頼を受付け八月三十一日審査試写を行い　男女性器が明瞭に露出する部分五ケ所について風俗上の点から改訂を希望し　了承を得　以て審査を終了したものである
尚　本作品公開中　警視庁保安課長より男女性器露出部分に対しカットの勧告があり　提供者側はこれを了承し自主的にカットした事実があった
（註）
「原始林の裸族」は　先に公開された「裸族」同称　ブラジル奥地に住む裸族探険の記録映画で　昭和二十七年頃　ブラジル サンパウロ癌研究所基金募集に協力した小山信治氏に対し同所より寄贈されたもので　昭映フイルムが公開するに当って再編集し日本語解説版とした八巻物である
本映画の事務上の処理は日本映画に準ずるものとしてこれを処理した

○戦争と将軍　　日活

戦時中の（但し太平洋戦争前）作品なるため　戦争肯定　美化　軍国主義的謳歌等にふれる箇所を取り除き　且つ当時の敵国たる中国に対する外国感情を考慮し中国兵の現れる描写を連累にとゞめる様にし　また戦場のあとに捨てられた中国製以外とはっきり分る米・英等の武器の現われる画面も除って貰った　その他この外にも　例えば軍の上下関係を封建的に余りに美化偏向のおそれあるものなど　実にあぐるにいとまなき程協力して貰ったことは幸であった（一、六二五呎）

尚輸出に関しては改めて相談して欲しい旨保留の約束をした

また宣伝に関しては如上の点を考慮し　十分注意して欲しいことを希望した

C－16

宣伝広告審査概要

○ 審査終了した宣材料

スチール……………一一七二枚
プレス……………六〇枚
ポスター……………七八枚
撮影所通信共の他……………四五枚

○ 貴女は美しくなれる　櫻丘プロ

本映画のスチール中　番号六・十一（上半身を露出　仰臥せる女性を検診している所）番号八・十（全裸の女性がシャワーを浴びている所）の四枚は　映画の削除場面に該当するので（完成審査参照）使用中止方希望した

各社封切一覧

封切月日	審査番号	題名	製作会社
○松竹			
八月三日	一四〇九	新婚たくあん夫婦	松竹
八月十日	一四二五	浩吉ひばりのびっくり五十三次	〃
八月十八日	一四一七	若旦那と踊子	〃
八月二十四日	一三三六	三つの愛	〃
○東宝			
八月三日	一四五八	恋愛特急	東宝
八月十日	一四三二	恋風街道	宝塚映画
八月十四日	一四三六	その後のウッカリ夫人とチャッカリ夫人	東京映画
	一四七二	うれし恥ずかし看板娘	東宝

C−18

八月二十四日	一四四一	土曜日の天使	東宝
	E—九三七	貴女は美人になれる	櫻丘プロ
○大映			
八月三日	一四〇三	真白き富士の嶺	大映
八月十日	一四一九	鉄火奉行	〃
	一四一六	嫁とよばれてまだ三月	〃
八月十八日	一四三四	緑の仲間	〃
八月二十五日	一四二四	花の白虎隊	〃
○新東宝			
八月三日	一四六四	恐怖のカービン銃	蔵プロ
	一四三九	娘ごころは恥ずかしうれし	今村プロ
八月十日	一三九九	妖棋伝 白蝋の仮面	新東宝
八月十七日	一四〇二	妖棋伝 地獄谷の対決	〃

八月二十四日	一四四〇	石中先生行状記 青春無銭旅行	新東宝
○東映			
八月三日	一四二六	唄ごよみ いろは若衆	東映
	一四〇五	懐しのメロディー あゝそれなのに	〃
八月十日	一四五五	犬神家の謎 悪魔は踊る	〃
	一四二九	霧の小次郎 第一部 金竜銀虎	〃
八月十七日	一四二七	暗黒街の脱走	〃
	一四三〇	霧の小次郎 第二部 魔術妖術	〃
八月二十四日	一四四五	水戸黄門漫遊記 地獄極楽大騒ぎ	〃
	一四三一	霧の小次郎 第三部 三日月童子	〃
八月二十四日	一二九六	太陽のない街	新星映画

あとがき

かねて映倫に於ても深い関心を以て処理に当って参りました映画の青少年に及ぼす影響の問題は　前号にも書きました通り　最近映画界の内外にあって重要な課題として取り上げられつゝあり　特にこの問題の処理を目的として映倫は「映画と青少年問題対策研究会」を設置致しました　一方内閣にあってもこの種問題の研究のため　専門の委員会が審議室内に設けられましたので　今后は両者互に連絡を保って一日も早くこの緊要な課題の解決を計りたいと考えて居ります　一般の世論も問題の重要性を認識せられて一層の御支援を寄せられますよう特にお願申上げます

映画倫理規程管理部

C―21

映画倫理規程審査記録第六十二号

昭和二十九年九月十日発行

発行責任者　池田義信

東京都中央区築地三ノ六

映画倫理規程管理部事務局

電話築地(55)　二八〇二
〇六九六番

C－22

戦後映倫関係資料集　第2回

第5巻　映画倫理規程審査記録（4）

2019年12月25日　発行

監修・解説　中　村　秀　之

発行者　椛　沢　英　二

発行所　株式会社 クレス出版
東京都中央区日本橋小伝馬町14-5-704
☎03-3808-1821　FAX03-3808-1822

印　刷　富士リプロ 株式会社

製　本　東和製本 株式会社

乱丁・落丁本はお取り替えいたします。

ISBN 978-4-86670-061-8（セット）C3374　¥60000E